L'art de payer ses dettes et de satisfaire ses créanciers sans débourser un sou

Honoré de Balzac

Books On Demand

Copyright © 2020 Honoré de Balzac (domaine public)
Édition : BoD – Books on Demand, 12/14 rond-point des Champs-Élysées, 75008 Paris.
Impression : BoD - Books on Demand, Norderstedt, Allemagne
ISBN : 9782322237296
Dépôt légal : juin 2020

Tous droits réservés

Source du texte original : Bibliothèque nationale de France, département Philosophie, histoire, sciences de l'homme, cote RES-Li5-107
Titre : L'art de payer ses dettes et de satisfaire ses créanciers sans débourser un sou
Auteur : Balzac, Honoré de (1799-1850).
Date de première édition : 1827
Type : monographie imprimée
Langue : français
Langue : Français
Format : 150 p. ; in-12
Droits : domaine public
Identifiant BNF : ark:/12148/bpt6k1133790

Table des matières

AVANT-PROPOS
NOTICE BIOGRAPHIQUE
APHORISMES.
PREMIÈRE LEÇON.
DEUXIÈME LEÇON.
TROISIÈME LEÇON.
QUATRIÈME LEÇON.
CINQUIÈME LEÇON.
SIXIÈME LEÇON.
SEPTIÈME LEÇON.
HUITIÈME LEÇON.
NEUVIÈME LEÇON.
DIXIÈME ET DERNIÈRE LEÇON.
CONCLUSION.
FIN.

AVANT-PROPOS

L'auteur de *l'Art de mettre sa cravate* lance dans le monde un ouvrage qui, bien qu'il ne soit pas de lui, va trouver bien des détracteurs, et lui attirer peut-être bien des persécutions. *Comment!* vont s'écrier une foule d'esprits étroits, *ce baron de l'Empésé prétend ériger en science l'art affreux de donner à un créancier honnête de belles paroles pour de l'argent comptant? Mais c'est une infamie, une abomination! Il faut pendre un homme comme celui-là!...*

Déjà d'inquiètes clameurs s'échappent des comptoirs de tous les négocians, fabricans, marchands et débitans; car il y en a quelques-uns qui ne voient pas plus loin que leur patente, et quelques autres dont la philosophie n'a guère plus de longueur que le parquet de leur établissement.

A la seule annonce de ce livre la peur va gagner le propriétaire, le restaurateur, le limonadier, le tailleur, la lingère, le bottier, le chapelier, le bonnetier, le marchand de vin, le boulanger, le boucher, l'épicier, etc., etc., et jusqu'au libraire même; tous les petits mémoires qui dormaient d'un profond sommeil vont aller éveiller en sursaut le modeste employé, l'inutile fashionable, l'artisan laborieux et l'égoïste rentier.

C'est un malheur; mais comme l'ont dit de grands écrivains du XIXe siècle: *Le foyer des lumières s'étend de jour en jour*[1].... *Le genre humain est en marche*[2].... *La nation française ne peut rétrograder*[3]... *Les uns ont trop, les autres n'ont pas assez*[4], etc., etc. Mettez-vous bien dans la tête que tant que l'on ne raisonnera que sur des *spécialités* pareilles, bêtises; il faut embrasser les grands intérêts sociaux et raisonner sur les *généralités*: le reste marchera tout seul, et ceci ne sera un contre-sens que pour l'épicier!... Mais qu'est-ce qu'un individu en comparaison de la masse?

Il est reconnu qu'il existe en France, et principalement à Paris, une quantité innombrable d'individus à qui la société ne doit rien, parce qu'ils ne font rien pour elle, et qui ne s'imaginent pas moins avoir le droit de frapper des réquisitions de toute nature, par cette seule raison que «il est évident que *les uns* ont trop et que *les autres* n'ont pas assez[5].»

Or, quels sont les individus dont je veux parler? des hommes qui se classent bénévolement dans la catégorie *des autres*, en n'ayant pour toute industrie que celle d'exploiter, pour ainsi dire de force, la catégorie dont se composent *les uns*. Je dois donc prévenir le lecteur que cet ouvrage n'a été écrit ni pour eux, ni pour

> «Un tas d'hommes perdus de dettes et de crimes,
> Que pressent de nos lois les ordres légitimes,
> Et qui, désespérant de les plus éviter,
> Si tout n'est renversé, ne sauraient subsister.»

En un mot, pour ces êtres paresseux, improductifs et déhontés qui, pour la plupart gens de sac et de cordes, ne méritent que le mépris et l'abandon, allant partout étaler aux yeux d'un public généreux brevet d'incapacité, et ne se bornent qu'au triste rôle de *consommateur* à charge!....

Je le répète, ce n'est pas pour cette engence que cet ouvrage a été publié, mais bien pour cette classe d'infortunés, déshérités de leur part de la fortune nationale par une force majeure et indépendante de leur volonté; individus estimables sous tous les rapports, possédant toutes les qualités physiques et morales, tous les talens qui font le charme de la société, hommes éminemment *producteurs*, en un mot, hommes industriels, mais qui n'ayant pas une obole de revenu annuel, sont bien forcés de faire des dettes pour vivre honorablement. Hommes rangés et ayant des principes, ils n'en veulent pas moins satisfaire leurs créanciers d'une manière ou d'une autre, et pour cela ils sont obligés d'avoir recours à des moyens inventifs, à des efforts d'imagination qui laissent bien loin derrière eux les travaux, les découvertes et les opérations de toutes les classes réunies de l'Institut de France...

O vous! *producteurs* et *consommateurs* de toutes classes sans argent; vous qui aviez une place et qui n'en avez plus; vous qui en cherchez une et qui ne l'obtiendrez pas; vous qui en avez une qui n'en est pas une; vous qui écrivez dans les journaux libéraux; vous qui faites des brochures politiques et des petits livres in-32; vous qui commencez des maisons sans savoir comment vous les finirez; vous qui faites les beaux bras et des dettes à Paris, vous enfin qui faites tout comme a fait l'auteur de cet ouvrage, que de titres ne réunissez-vous pas pour qu'il vous offre le fruit de ses veilles et de ses méditations!

Par le temps qui court je vous vois exposé à aller à Sainte-Pélagie passer un, deux, trois et quatre termes, ou mieux encore, faire un bail de cinq ans!....... Ayez donc constamment sur vous ce *petit Manuel du Droit commercial*; avec un tel guide vous pourrez narguer les mandats d'arrêts, les mandats de dépôts, les mandats d'amener, les mandats que vous aurez souscrits au profit d'un tiers porteur, etc., etc., etc., voyager hardiment, tout seul et à la barbe des créanciers, dans les nombreux et brillans passages dont la capitale abonde.

Tandis que vous êtes encore libres, achetez l'ouvrage de l'oncle de M. le baron de l'Empésé, lisez-le, méditez-le, raisonnez-le, apprenez-le par cœur, afin de perfectionner votre éducation, si déjà elle est achevée: la pratique est jointe à la théorie.

NOTICE BIOGRAPHIQUE

SUR MON ONCLE

L'homme vraiment étonnant dont je vais entretenir un instant mes lecteurs, mon oncle enfin, fut un de ces individus privilégiés de la nature, et pour lesquels la fortune se plaît à opérer des miracles.

Dès l'âge le plus tendre il sut se mettre au-dessus de ces préjugés impérieux qui gouvernent la société et qui ne sont, philosophiquement parlant, que *de grandes infirmités morales,* en vivant *de fait* sur le pied d'un homme qui a 50,000 livres de rentes, bien qu'il n'eût jamais possédé *de droit* un sou de revenu.

Après avoir usé pendant soixante années consécutives de toutes les jouissances qu'il soit permis à l'homme de désirer et d'user, il fit une fin digne de lui en rendant le dernier soupir chez un restaurateur fameux, qui souvent avait été à même d'apprécier ses brillantes qualités et la puissance de son génie.

Mon oncle naquit à Saint-Germain-en-Laye le 1er avril 1761. Je ne parlerai pas des premières années de son enfance qui s'écoulèrent paisiblement comme celles de tous les enfans gâtés par leur mère. Ma grand'maman désirait depuis long-temps un gage de tendresse de mon grand-père; elle venait de l'obtenir après dix années d'union, et mon oncle en était le premier fruit (mon père ne vint au monde que dix autres années après). Mon grand-père, aussi aveuglé par sa tendresse pour son fils que l'était sa femme, ne sut pas distinguer toutes les passions qui viendraient un jour assaillir le cœur de *son trésor*, et quoique ce fût un homme d'esprit, il ne sut pas donner à son éducation la marche qu'elle semblait nécessiter.

Absent pendant neuf mois de l'année qu'il passait à son régiment de Royal-Cravate, où il avait obtenu le grade de major, il ne pouvait guère surveiller son fils, et était obligé de s'en rapporter à la sagesse de sa femme. Doué de toutes les dispositions nécessaires pour faire parler de lui un jour, le trésor de ma grand'maman avait aussi tous les petits défauts voulus pour en faire parler dans un genre opposé.

On lui avait donné des maîtres qu'il n'écoutait pas; il dansait avec son maître de latin, tirait des pétards au nez du maître de danse, mettait des bouts de bougie dans les poches du maître de dessin et des bouchons dans la flûte de son maître de musique. Dans les courts voyages que mon grand-père faisait à St.-Germain, mon oncle prenait son épée qu'il mettait à la place de la broche après y avoir passé son plumet en guise de rôti; il arrachait les poils du chat et faisait des moustaches au serin avec de l'encre. Ma grand'maman trouvait cela charmant; mon grand-père ne pouvait s'empêcher de rire en traitant toutes ses espiégleries de bagatelles, et disant que l'âge le corrigerait plus tard. L'âge vint et mon oncle ne se corrigea pas. Enfin, les choses devinrent telles, que personne ne pouvant plus tenir dans la maison, on prit le parti de se débarrasser du *trésor*. Mon oncle avait alors 10 ans.

Il entra au collége *Louis-le-Grand* à Paris, où, pendant les quatre premières années, il fit des progrès sensibles et mit à profit les précieux avantages qu'il avait reçus de la nature. S'il n'était pas le plus fort de sa classe en version, il était le plus fort à la balle; il se battait régulièrement deux fois par jours, se faisait mettre au pain sec cinq fois par semaine, recevait vingt-cinq férules à la fin du mois, et remportait deux prix et une demi-douzaine d'*accessit* à la fin de l'année; ma grand'maman était enchantée.

Au mois d'août 1777, mon grand-père étant à St.-Germain, vint à Paris avec l'intention d'emmener son fils passer une partie des vacances avec lui à son régiment. Il arrive au collége, se faisant une fête de le voir; il le demande........ Le visage du principal s'allonge......., sa physionomie se rembrunit....., il balbutie......, enfin mon grand-père apprend que depuis quinze jours son cher fils a disparu ainsi que la fille de la blanchisseuse de la lingerie, et qu'on ne sait où ils sont allés. Mon oncle venait d'atteindre sa seizième année.

Mon grand-père se garde bien d'apprendre à sa femme cette escapade. Il alla trouver M. de Sartines qui lui dit de revenir le soir. Pendant ce temps mon oncle fut déniché avec sa petite blanchisseuse dans un cabinet garni de la rue Fromenteau où il s'était réfugié. Son père le ramena à St.-Germain, sans lui faire aucun reproche; et, dès ce moment, il fut convenu qu'étant assez avancé dans ses études pour pouvoir se passer du collége, il les terminerait dans la maison paternelle.

Le cours d'études que mon oncle entreprit était assez agréable. Tous les matins il jouait à la paume ou au billard, allait le soir au bal, y faisait de nombreuses connaissances qu'il amenait chez sa mère boire le meilleur vin de son père, crevait des chevaux, brisait les voitures de ceux qui voulaient bien lui en prêter, et devait à tout le monde.

Dans la belle saison il allait à la campagne, tirait sur les chiens et même quelquefois sur les gardes de chasse après avoir fait des enfans à leurs femmes, tuait tout le gibier et empruntait de l'argent à tous les propriétaires des environs. L'hiver, il avait un duel par semaine et une prise de corps tous les mois.

Ce fut alors que mon grand-père résolut de le faire voyager pour tâcher de calmer une tête qui, disait-il, n'avait besoin que de réfléchir. Or, les voyages prêtant beaucoup à la réflexion, mon oncle fut envoyé aux Eaux de Bagnères qui étaient alors le rendez-vous de tout ce qu'il y avait de plus distingué.

Là, il devint l'ordonnateur de toutes les fêtes, l'âme de tous les plaisirs. Ceux qui y étaient à cette époque (1784) se rappelleront encore la salle de spectacle qu'il construisit en deux heures de temps à Lourdes, où était arrivée, depuis quelques jours, une troupe de comédiens de province dans l'intention de continuer leur route pour la Capitale, au moyen de quelques recettes qu'ils comptaient prélever sur les rustiques habitans, en les gratifiant de deux ou trois de leurs représentations.

A défaut d'autre local pour y établir son théâtre, mon oncle avait jeté son dévolu sur le vaste hangard d'un sellier qui permit qu'on en disposât, mais à condition de ne point faire déménager ses voitures. Il trouva le moyen de tout concilier: il fit démonter les caisses de dessus leurs trains, les fit ranger en demi-cercle les unes à côté des autres, et composa de cette manière un rang de loges d'un genre tout-à-fait nouveau. Un grand carrosse à portières ouvertes qui avait appartenu autrefois à l'archevêque de Toulouse formait la loge d'honneur, et deux belles diligences, aux extrémités de l'orchestre, figuraient les loges d'avant-scène. Un second rang de loges de la même espèce s'élevait sur leurs trains, et toutes les selles, disposées sur de longues perches perpendiculaires au théâtre, composaient un parterre où les spectateurs étaient à califourchon. Jamais spectacle plus grotesque n'excita des ris plus immodérés.

Mon oncle revint l'année suivante à Saint-Germain avec un sensible changement opéré dans toute sa personne. S'il avait gagné d'un côté, il avait perdu de l'autre; car il rapporta de ce voyage un goût prononcé pour le jeu auquel il se livra d'une manière telle, que mon grand-père aliéna sa petite fortune pour acquitter les dettes nombreuses que son fils contracta.

Ce fut à cette époque (1787) que mon oncle perdit son père. Il mourut des suites d'une chute de cheval: ma grand'maman suivit de près son mari. Mon père, quoique plus jeune de 10 ans que son frère, mais beaucoup plus sage, fut chargé par le conseil de famille d'arranger les affaires de la succession, bien qu'il ne fût pas majeur. Mes grands parens ne laissèrent que très-peu de chose à leurs enfans, et quoique mon oncle eût déjà reçu six fois la valeur de ce qui pouvait lui revenir, mon père n'en partagea pas moins avec lui les 12,000 fr., montant de la succession.

La révolution venait d'éclater, et mon oncle qui s'était déjà fait remarquer par la violence de ses opinions monarchiques, crut devoir s'expatrier dans un moment où tout ce qui était considéré comme appartenant au *parti de la cour*, avait à craindre pour sa vie. Une raison qui n'était pas moins forte encore, c'est qu'il ne lui restait plus rien, et qu'étant habitué à vivre grandement, ayant usé son crédit, il n'aurait pu trouver un sou à emprunter.

Il prit le parti de retourner aux Eaux, où il espérait mettre en pratique les nombreuses ressources que le jeu pouvait lui offrir. Il quitta donc Paris au mois de mai 1789, et arriva à Bagnères, où il se fit modestement passer pour un jeune banquier de Hambourg, bien qu'il n'eût jamais trouvé un écu sur sa signature; mais personne ne paraissait s'entendre mieux que lui aux grandes spéculations commerciales; à l'entendre il était en relation avec toutes les places de l'Europe, ayant sans cesse à la bouche le nom des plus fameux négocians. C'était toujours sans affectation qu'il parlait des opérations immenses qu'il avait faites aux dernières foires de Francfort et de Leipsick, et la seule chose qu'on ne pouvait concevoir après l'avoir bien écouté, c'était qu'aucun souverain de l'Europe ne lui ait encore confié l'administration de ses finances, et qu'il vînt perdre aux Eaux un temps qu'il aurait pu employer si utilement à la prospérité de ses concitoyens.

Une autre fois, il trouva le moyen de persuader à un prince russe qu'il possédait, dans une de ses terres en Sibérie, des carrières de marbres dont l'exploitation devait rapporter plusieurs millions. Ils passèrent ensemble un marché que mon oncle céda peu de temps après pour la somme de cinquante mille écus, à un négociant de Florence, lequel se transporta en Russie, et dépensa six cent mille francs à fouiller une prétendue carrière, dont il ne retira même pas de quoi faire un dessus de table de nuit.

En 1796, mon oncle revint à Paris où il se lança dans les affaires. Il obtint un emploi dans les fournitures de l'armée d'Italie, et en 1799, il était un des munitionnaires généraux de l'année de Pichegru en Hollande.

Dans l'espace de huit ans, il fit, perdit, refit et mangea quatre fois sa fortune; enfin, un jour il avoua à mon père qu'il ne possédait pas, pour le moment, un louis, tout en lui proposant d'en parier mille, qu'il reviendrait de Spa, où il comptait aller passer la saison des Eaux, avec cinquante mille francs dans son portefeuille; mon père aurait perdu son pari, et mon oncle l'aurait gagné.

Pendant quinze ans, mon oncle n'eut d'autre existence que celle qu'il tirait de son talent au billard, au piquet, et à d'autres jeux qu'il n'exerçait jamais qu'au rendez-vous des Eaux les plus fréquentées, ou à Paris, au pavillon d'Hanovre et dans d'autres établissemens de ce genre. Son bonheur était si constant qu'on était tenté quelquefois de croire qu'il y entrait beaucoup d'adresse; mais la preuve de sa bonne foi était à la pointe d'une épée où dans le canon d'un pistolet, et mon oncle l'avait tant de fois administré avec succès qu'il avait fini par convaincre tout le monde sans persuader personne.

Cependant le moment était arrivé où il allait voir s'évanouir le rêve de bonheur qui durait depuis plus de quarante ans. C'était en 1821, il était revenu des Eaux de Plombières où il avait passé la saison précédente, et cette fois il en était revenu sans un sou vaillant. Forcé de se loger dans un petit hôtel garni de la rue *Saint-Nicolas d'Antin*, il avait voulu recommencer le genre d'industrie qu'il avait si bien exploité à Paris, et ailleurs. Mais hélas! il n'avait plus au billard cette justesse de coup d'œil, qui ne lui avait jamais fait manquer au bloc, même une *bille de longueur*; à l'écarté il ne *retournait* plus le roi aussi souvent; à l'impérial ses adversaires *donnaient* mieux que lui, et au piquet les mains lui tremblaient lorsqu'il fallait *battre les cartes*. Si l'étoile de mon oncle avait commencé à pâlir à Plombières, elle s'était totalement éclipsée à Paris.

Il me serait impossible de peindre le profond chagrin qui s'empara tout à coup de l'homme qui avait toujours vu en riant les événemens les plus tristes de la vie. A la suite d'une partie d'écarté où il avait perdu tout; ayant été *piqué sur quatre* trois fois de suite, la fièvre s'empara de sa personne le lendemain matin, et le maître de l'hôtel s'empara de sa malle qui contenait tout ce qu'il possédait en linge et vêtement, et jusqu'à une magnifique queue de billard qu'il avait gagnée à un fameux ébéniste de la capitale, comme pour avoir entre les mains une hypothèque de ce qui lui était dû, tant en logement qu'en nourriture.

Mon oncle ne put supporter ce dernier coup, et dès ce moment sa maladie qui n'était autre chez lui qu'un épuisement total de la machine humaine tant au physique qu'au moral, empira d'une manière vraiment alarmante pour lui et ses créanciers. Ayant épuisé toute espèce de ressources, il se fit conduire bravement en fiacre à l'hospice de la Charité où il prétendit devoir être traité d'une manière privilégiée, attendu que le huitième de tout ce qui se perdait au jeu devant retourner aux hospices, ainsi que le cinquième du prix de tous les billets pris au spectacle, depuis quarante ans il avait bien payé sa place à l'hôpital, et que ce n'était qu'un *rendu* pour un *prêté*.

Il y entra, en effet, le 3 janvier 1822, ses poches pleines de patience et de philosophie; quant à son amour-propre, il le déposa prudemment à la porte, au risque de ne le plus retrouver en sortant. Pendant un an que dura sa maladie, je lui prodiguai toutes les consolations et tous les adoucissemens qui furent en mon pouvoir. J'allais le voir souvent, et les jours où je ne pouvais absolument me déranger de mes occupations, il passait son temps à m'écrire, et (me disait-il) *à mettre en ordre ses écritures*, sentant bien qu'il était arrivé au bout de sa carrière. Je me réserve de publier un jour cette correspondance qui ne sera pas moins piquante qu'instructive à cause de l'originalité, et des observations de tous genres dont elle est farcie.

Ce fut à *la Charité* que mon oncle composa le savant traité que je donne aujourd'hui au public.

Sur la fin de cette année (commencement de décembre) étant en état de sortir, il quitta son hospice pour venir partager avec moi ma très-modeste demeure. Là, il se livra tout entier à cette triste pensée, qu'il allait être incessamment forcé de faire une banqueroute définitive à ce bas-monde et à ses créanciers. Au fait mon oncle pouvait-il se faire un scrupule de la dépense d'une cinquantaine de mille francs (plus ou moins)[6] qu'il avait prélevés chaque année sur ses concitoyens? Non sans doute, aussi vit-il approcher sans effroi le moment fatal. Mais comme il voulait mourir tranquillement, et la conscience pure, il employa les derniers jours de sa vie cosmopolite, à rechercher ses nombreux créanciers, son intention étant de leur déclarer lui-même sa pénible faillite. Ils étaient au nombre de deux cent vingt-deux. Il les convoqua définitivement pour le 19 mai, et le rendez-vous fut indiqué chez Gillet, restaurateur, à la porte Maillot, dans le salon de quatre cents couverts. La plupart ignoraient ce que mon oncle leur voulait; mais telle avait toujours été leur estime et leur admiration pour le génie inventif dont il leur avait si souvent donné des preuves palpables aux jours de sa brillante fortune, qu'aucun d'eux ne manqua au rendez-vous.

Mon respectable oncle se fit conduire en fiacre, car n'ayant pas même la force de marcher, il lui aurait été de toute impossibilité de faire cette course. Arrivé au lieu de la séance, il fit préparer une espèce d'estrade avec une bergère, dans laquelle il devait s'asseoir pour haranguer son monde, puis un premier rang de chaises tout autour, et un second rang placé sur les tables qu'il avait fait disposer à cet effet, se rappelant sans doute la salle de spectacle qu'il avait improvisée à Bagnères, il y avait quarante ans: et lorsque tous ces créanciers furent réunis et placés il s'assit au milieu d'eux, avec calme et dignité, puis commençant par s'excuser sur la faiblesse de sa voix, qui depuis sa sortie de l'hôpital ne lui permettait guère de se faire entendre très-distinctement, et s'être recueilli comme pour rappeler à sa mémoire de vieux et importans souvenirs, il leur tint à peu près ce discours:

«Messieurs,.....

(*Grand mouvement d'attention suivi d'un profond silence.*)

«Le grand livre de la vie va se fermer pour moi: Voilà tout à l'heure soixante et un ans que mon compte y est ouvert. Il n'appartient ni à vous ni à moi de faire la balance de celui-ci, ce soin n'est réservé qu'à Dieu seul, qui a tenu jusqu'à ce jour le livre journal de toutes mes pensées et actions: (*Un vieil usurier fait ici un signe de croix.*) Je le vois déjà prêt à entreprendre les terribles additions de cet immense compte courant, et je tremblerais d'apprendre de combien elles me constitueront son débiteur, si son crédit comme sa bonté n'étaient infinis.»

A ce touchant exorde les mouchoirs des deux cent vingt-deux créanciers de mon oncle sortirent de leurs poches et se portèrent à leurs yeux où semblaient rouler quelques larmes d'attendrissement. Mon oncle respira une prise de tabac et continua.

«S'il ne m'est point donné de compter avec le Créateur, il m'a du moins laissé la force et le courage nécessaire pour régler définitivement avec chacun de vous avant ma mort; car je le sens mon heure dernière a sonné (*quelques sanglots se font entendre*). Voici mon journal, mon grand-livre, mon carnet d'échéances, mon répertoire établi par ordre alphabétique; ils sont visés, cotés et paraphés selon l'usage établi chez un homme qui, ne faisant que des affaires en règle, doit se rendre compte, depuis le premier jour de sa gestion jusqu'au dernier, de ses moindres opérations.»

Tous les yeux des créanciers se fixent alors sur un amas de paperasses que mon oncle se serait bien gardé de leur montrer de près.

«Chacun de vous y trouvera couché le solde de ce qui lui revient en totalité, intérêt et capital réunis (*ici nouvelles larmes d'attendrissement.*) Mais, Messieurs, vous auriez tort de penser que, comme dans les balances ordinaires des négocians patentés, il se trouve ici un *actif* et un *passif* (*grand mouvement d'attention*). Non, Messieurs, non. Je n'ai à vous présenter que du *passif* (*mouvement en sens divers*).

»Cependant ne craignez pas de recevoir ni 10 p. 100; ni 20 p. 100; ni même 40 p. 100 de ce qui vous est si légitimement dû (*l'attention redouble*). Je suis incapable d'une telle bassesse, cela serait une véritable friponnerie; et j'aimerais mieux ne vous rien donner, aussi est-ce ce que j'ai résolu, et vous ne recevrez pas un sou.»

(*Ébahissement général suivi d'un murmure improbateur.*)

Quelques voix: *Écoutez! écoutez!*

Ici mon oncle se mouche, boit une gorgée d'eau sucrée, et reprend aussitôt avec calme et confiance:

«Oui, Messieurs, écoutez!..... Mon père en mourant ne me laissa pour toute fortune que quelques brochures manuscrites indiquant un grand nombre d'améliorations à faire dans le système financier établi en France.....; pouvaient-elles me faire vivre, je vous le demande?

(*Approbation au centre*, un marchand de comestibles: *C'est très juste.*)

»Je conçus donc la grande pensée du *crédit*, et j'ai découvert qu'il ne se fondait et ne s'établissait d'une manière solide que d'après la fidélité qu'on apportait à ne jamais payer ses dettes. (*Oh! oh!*) Je vous ai tous fait servir de preuve à cette importante découverte. (*Agitation.*) Si elle vous laissait le moindre doute à cet égard, je vous engagerais à jeter les yeux sur vos écritures, où je vous défie de trouver note le plus léger à compte de ma part.

(*L'agitation redouble.*) J'ignore encore si vous aurez dans la suite à vous louer de ma découverte.

(*Hésitation marquée.*) Mais je me suis toujours fait un devoir, jusqu'aux derniers momens de mon existence politique et sociale, de manœuvrer mes emprunts quelquefois forcés, et ce, je ne crains pas de l'avouer, de manière qu'au jour de mon décès, les sommes que j'ai perçues se trouvassent réparties sur un grand nombre de têtes, et toujours de préférence sur les plus riches.

(*Approbation générale, à l'exception du vieil usurier.*)

»Mais, Messieurs, qu'est-ce que cette perte, en comparaison de celles que vous fera éprouver immanquablement le misérable système de finance, qui vous a été dernièrement présenté. (*Silence au centre, hilarité à gauche et à l'extrême droite*), une véritable bagatelle en comparaison des immenses avantages dont le nouveau système de crédit, d'emprunt et d'amortissement que je viens de vous dévoiler, pourra vous faire jouir à l'avenir. J'ai chargé mon neveu de le développer, de le rédiger et de le faire imprimer pour le bien commun de tous et comme devant apporter à l'État une nouvelle source de prospérité découverte par mon exemple[7].

(*Marques bruyantes d'improbation.*)

»Hé! Messieurs, si je voulais m'étendre sur le bien que je vous ai fait et que je suis encore à même de vous faire, il me serait facile de prouver que vous êtes encore mes débiteurs, mais je préfère ne séparer de vous avec la consolante idée que nous sommes ensemble parfaitement quittes.»

«Une voix: *Celui-là est trop fort!*»

«Je termine, Messieurs, veuillez me prêter pour cela toute votre attention. (*Profond silence.*) J'ai servi d'exemple au riche; j'ai aidé le pauvre; je n'ai fait, en quelque sorte, que déplacer quelques-uns de vos immenses capitaux pour les reporter vers des points où ils trouvaient un bon emploi. J'ai commencé à opérer le nivellement des montagnes d'or que la fortune s'est plu à élever autour de vous: elle était aveugle jusqu'alors, je l'ai, pour ainsi dire, opérée de la cataracte, mes Mémoires feront le reste..... (*Bourdonnement général.*)»

Mon oncle, après ces mots, se laissa aller sur la bergère, accablé par les efforts qu'il venait de faire pour prouver à ses créanciers d'une manière si non victorieuse, du moins positive, qu'ils devaient encore s'estimer heureux qu'il ne leur dût pas davantage.

Il est vrai que la fin, si inattendue, de ce discours, produisit dans l'assemblée un mélange de sentimens opposés. Les uns voulaient l'étrangler, les autres n'étaient mus que par des sentimens d'extase et d'admiration.

Peu à peu, cette masse de créanciers ne partagea plus que les mêmes idées de générosité, et chacun d'eux alla déposer au bas de l'estrade, sur laquelle deux des demoiselles de salle de M. Gillet étaient occupées à faire revenir mon oncle de son évanouissement, les *billets*, *lettres de changes*, *délégations*, *bons payables* avec *arrêtés de compte*, etc., etc.; que ce digne citoyen avait souscrits à leur profit depuis plus de quarante ans.

Après qu'il eut repris ses sens, et qu'il eut aperçu le faisceau de billets et de papiers timbrés qu'on venait de déposer d'un commun accord à ses pieds, il ne put résister au saisissement que la joie de les revoir amassés lui causa tout-à-coup. Faisant un nouvel effort sur lui-même, il souleva ce trophée de ses mains défaillantes, comme pour le montrer à l'univers, et rassemblant toutes ses forces, il s'écria: «Je ne vous demande plus qu'une seule chose en grâce!.. Messieurs, promettez-moi d'acheter mon ouvrage aussitôt qu'il sera imprimé.» Tous le lui jurèrent, et il rendit le dernier soupir dans mes bras.

La perte inattendue d'un homme de bien est un des plus tristes événemens qui puisse affliger la société et ses créanciers lorsqu'il en a. Celle de mon oncle fut principalement appréciée par un marbrier entrepreneur de monument funèbres. Aussi, avec une éloquence qui ne part que du cœur, s'empressa-t-il d'émettre un vœu, celui de faire une petite souscription pour lui élever un modeste tombeau et perpétuer ainsi le souvenir d'un homme de génie. L'un et l'autre furent à l'instant réalisés, et mon bien bon oncle fut enterré au cimetière du Mont-Parnasse, que pour ainsi dire il étrenna de sa personne le 22 de mai 1823. Tous ses créanciers l'accompagnèrent jusqu'à sa dernière demeure.

Peu de jours après, une pierre tumulaire couvrit sa dépouille mortelle, sur laquelle on est tous les jours à même de lire cette simple mais touchante inscription, inspirée autant par la reconnaissance que par une juste admiration, elle fut gravée en caractères lapidaires par la main même du vertueux marbrier:

CI-GÎT
L'INVENTEUR
DE
L'ART
DE PAYER SES DETTES

ET
DE SATISFAIRE SES CRÉANCIERS
SANS DÉBOURSER UN SOL.
22 MAI 1823.

REQUIESCAT IN PACE.

APHORISMES,

Axiomes et Pensées neuves

Dont on ne saurait trop se pénétrer avant que d'étudier les diverses théories enseignées par mon Oncle.

I.

Plus on doit, plus on a de crédit; moins on a de créanciers, moins on a de ressources.

II.

Quiconque ne fait pas de crédit doit infailliblement faire banqueroute, parce que plus on fait de crédit plus on débite, plus on débite plus on fait d'affaires, plus on fait d'affaires plus on gagne d'argent.

III.

Faire des dettes chez les gens qui n'ont pas assez, c'est accroître le désordre, multiplier les infortunes. Devoir aux gens qui ont trop, c'est, au contraire, compenser les misères, et tendre au rétablissement de l'équilibre social.

IV.

Quiconque a des principes doit payer ses dettes lorsqu'il en a, soit d'une manière ou d'une autre, c'est-à-dire avec de l'argent ou sans argent.

V.

Un créancier mal élevé, féroce même, qui ne répond que des sottises aux raisons que vous lui alléguez lorsqu'elles sont bonnes, tout en ne lui donnant que cela, vous remet, sans s'en douter, une quittance en bonne forme de la somme dont vous pouvez lui être redevable.

VI.

Dans le meilleur des gouvernemens possible, une nation, quelque grande qu'elle soit, quelqu'unie qu'elle puisse être, se partage toujours en deux *partis* opposés chacun.

Savoir:

1° Parti: Individus *lésans*. C'est le plus fort.

2° Parti: Individus *lésés*. C'est le plus nombreux.

Je laisse au lecteur le choix d'embrasser celui qui lui paraîtra préférable, ne pouvant opter pour un parti neutre ou mixte (comme en politique), parce que, dans notre acception, il ne peut en exister.

VII.

La population d'un empire ou d'un royaume ne se compose également que de deux classes: celle des *producteurs* et celle des *consommateurs*.

Les *producteurs* ne sont autres que les *créanciers*, les *consommateurs* sont les *débiteurs*.

Or, s'il n'y avait pas de *consommateurs*, les *producteurs* deviendraient inutiles. Ce sont donc les *consommateurs* qui font vivre les *producteurs*. Il en résulte qu'un *producteur* (un *créancier*) doit encore avoir obligation au *consommateur* (le *débiteur*) de ne pas lui payer ce qu'il lui doit, puisque si celui-ci ne lui devait rien, celui-là mourrait de faim.

VIII.

La splendeur d'un état étant toujours en proportion de la masse de ses dettes (voyez l'Angleterre) relativement aux individus, raisonnez par analogie?

IX.

Si la *propriété* n'existe que par le fait du *propriétaire,* quiconque vient au monde a droit à une propriété quelconque.

X.

Il est évident que le monde ne se compose que de gens qui ont trop et de gens qui n'ont pas assez; c'est à vous de tâcher de rétablir l'équilibre en ce qui vous concerne.

XI.

Il vaut mieux devoir 100,000 fr. à-la-fois à une seule et même personne que 1,000 fr. à mille personnes à-la-fois.

XII.

Le nombre d'individus embarrassés parce qu'ils ont trop d'argent, dont ils ne savent que faire, est égal au nombre d'individus embarrassés parce qu'ils ne savent que faire pour avoir un peu d'argent.

XIII.

Parmi ceux qui ont dû, il n'y a que ceux qui ont commencé de payer que l'on ait mis à Sainte-Pélagie; on se garderait bien d'y mettre celui qui, devant depuis long-temps, n'a encore rien payé.

XIV.

Quiconque a *bon pied* et *bon œil* ne peut être privé de sa liberté que parce qu'il le veut bien.

XV.

Il n'existe au monde que deux fléaux, dont toutes les puissances de la terre ne sauraient vous garantir, ce sont la peste et les huissiers.

XVI.

Se donner la mort parce qu'on ne peut payer ses dettes, et qu'on en a cependant l'intention, est, de tous les moyens à employer, le plus sot. S'il est vrai qu'on se doive à ses créanciers, on doit vivre pour eux, et non pas mourir.

XVII.

..... *Ce qui est dans la poche des autres serait bien mieux dans la mienne!* .... *Ote-toi de là que je m'y mette!....* Tel est, en peu de mots, le fond de la morale universelle.

PREMIÈRE LEÇON.

Des Dettes.

Impossibilité de n'avoir pas de dettes.—Qu'est-ce que l'on entend par le mot dettes.—*Leurs diverses natures.—Leur nombre, leur qualification et leurs significations enseignées par mon oncle.— Mont-de-Piété.*

«Quel est l'heureux du siècle (disait habituellement mon oncle), qui, depuis trente ans, au travers et à la suite des assignats, des mandats, de la déroute politique et de la banqueroute (dont l'État a donné le premier l'exemple), des émigrations, des confiscations, des réquisitions, des appréhensions, des épurations et des invasions qui ont renversé toutes les fortunes, a toujours pu dire: *Je ne dois rien?*....... Quelle nation, assise sur des monceaux d'or aujourd'hui, pourrait dire: *Nous ne serons jamais débiteurs?*..... Je l'ai dit et j'aurai souvent l'occasion de le répéter, la France elle-même, toute riche qu'elle est, ne se compose que de deux classes: celle des *débiteurs*, et celle des *créanciers*, autrement dit des *producteurs* et des *consommateurs*.» Mais revenons au sujet principal qui doit m'occuper, en donnant d'une manière claire et précise l'explication de ce qu'on entend par *dettes*, en examinant ce mot dans toutes ses acceptions.

Ce terme, pris dans son véritable sens, signifie ce que l'on doit à quelqu'un. Néanmoins, on entend aussi quelquefois par *dettes* ce qui nous est dû, c'est alors une *créance*. Pour éviter cette confusion, on distingue une infinité de natures de dettes, et je donnerai l'explication de leurs termes ci-après.

Tous ceux qui peuvent s'obliger peuvent contracter des dettes; d'où il suit que, par un argument en sens contraire, ceux qui ne peuvent pas s'obliger valablement ne peuvent contracter des dettes. Ainsi les mineurs non émancipés, les fils qui n'ont point atteint leur majorité, les femmes en puissance de maris ne peuvent contracter aucunes dettes, sans l'autorisation de ceux sous la puissance desquels ils sont, c'est-à-dire de leurs curateurs ou tuteurs, de leurs pères ou de leurs maris.

On peut contracter des dettes verbalement et par toutes sortes d'actes, comme par billets ou obligations, sentence ou jugement.

Les causes pour lesquelles on peut contracter des dettes sont tous les objets pour lesquels on peut s'obliger, comme logement, nourriture, habillement, location, prêt, avances, etc., etc.

Notre jurisprudence reconnaît vingt-six natures de dettes qu'elle a qualifiées comme ci-dessous, et que mon oncle interprète ou explique de cette manière.

Savoir:

1° Dette active. Elle est considérée, par rapport au créancier, ou pour mieux dire c'est la créance elle-même. Ainsi la créance d'un restaurateur chez lequel on mange depuis *long-temps* et auquel on doit, depuis la *même époque*, doit être considérée comme dette active.

Le terme de *dette active* doit être opposé à celui de *dette passive* qui est, à peu de chose près, la même, avec cette différence cependant qu'il faut entendre par *dette active* celle de la somme qu'on doit pour avoir mangé chez lui sans payer jusqu'au jour présent, et par dette passive l'argent qu'on lui devra par la suite, en continuant de manger chez lui de préférence et de ne le pas payer comme par le passé.

2° Dette ancienne, en matières d'hypothèque, est celle qui précède les autres. C'est de toutes les natures de dettes la plus difficile à contracter, parce qu'elle est la première, mais c'est aussi celle qu'il est le plus aisé d'éteindre, par la raison qu'il existe huit manières de l'amortir sans bourse délier, comme nous le prouverons plus bas.

3° Dette annuelle, est celle qui se renouvelle chaque année comme une rente, une pension, un legs d'une somme payable chaque année, et que l'on ne paye pas au renouvellement de l'année ou l'année expirée, promettant d'en payer le double l'année suivante, et toujours de la même manière progressivement; c'est ce qu'on appelle en droit *debitum quot annis*.

4° Dette caduque; est celle qui n'est de nulle valeur pour le créancier et pour laquelle il n'a aucune espérance: il faut tâcher de n'en avoir que de cette nature, et de préférence aux autres.

5° Dette claire, est celle dont l'objet est certain et qui signifie que le montant de la créance est fixe, connu et arrêté.

Par exemple devoir trois termes à son propriétaire est contracter envers lui une *dette claire*. Si vous parvenez à lui devoir le quatrième, le propriétaire est *clairement* payé aux termes de la loi.

6° Dette conditionnelle. C'est celle qui est due sous condition. Par exemple: *Je vous payerai si je reçois de l'argent;* on n'a rien à toucher, donc on n'a rien à payer. En terme de jurisprudence: *Si navis ex Asiâ venerit.* Ce qui signifie: *à l'arrivée du bateau à vapeur*.

7° Dette confuse, est celle dont le droit réside en quelqu'un qui se trouve tout à-la-fois créancier et débiteur du même objet, et par conséquent débiteur et créancier du même individu, de façon que ni l'un ni l'autre ne connaissant rien à cette nature de dette, si l'un des deux vient à *embrouiller* un peu les titres ou même les raisons sur lesquelles cette dette est basée, il opère l'amortissement.

8° Dette douteuse, est celle qui n'est pas positivement *caduque*, mais dont le remboursement n'en est pas plus certain. C'est une espèce de promesse *périodique mixte* de la part du débiteur.

9° DETTE ÉTEINTE, est celle que l'on ne peut plus exiger, soit qu'elle ait été amortie ou que l'on ne puisse plus intenter d'action pour le paiement, c'est ce qu'on appelle en terme de jurisprudence *prescription*.

10° DETTE EXIGIBLE, est celle dont on peut poursuivre le paiement devant les tribunaux compétens, sans attendre aucun délai ni l'événement d'aucune condition.

Les billets à ordre, les lettres de change, les délégations et toute espèce d'obligations souscrites par écrit, peuvent être classées dans la catégorie des *dettes exigibles*.

Quiconque contracte une dette dite *exigible*, bouleverse de fond en comble l'échafaudage sur lequel est basé son crédit.

11° DETTE LÉGALE, est celle au remboursement de laquelle on est obligé, puis forcé par la loi. Le cas prévu dans la huitième manière d'acquitter ses dettes est à peu près la seule praticable pour opérer l'amortissement.

12° DETTE LÉGITIME. Elle s'entend d'une dette qui a une cause juste et n'est point usuraire.

Par exemple j'emprunte un billet de mille francs à un intime ami que je ne connais que de la veille, sous promesse de le lui rendre le lendemain; il me le prête sans *intérêt* de sa part comme sans reçu de la mienne; je ne le lui rends pas, quoiqu'il me l'ait fait demander plusieurs fois, quoique je n'aie contracté envers cet ami qu'une dette légitime de reconnaissance, j'acquitte ma dette en reconnaissance, quoique cette monnaie n'ait point cours sur la place: il est bien forcé de s'en contenter.

13° DETTE ILLÉGITIME. Je n'en reconnais pas de réelle.

14° DETTE LIQUIDE. C'est celle dont le prix de l'objet est fixé d'avance. Par exemple toutes les dettes de café sont des *dettes liquides*.

15° DETTE NON-LIQUIDE OU DETTE SOLIDE, c'est celle dont l'objet n'est point fixé irrévocablement; par exemple vous avez l'intention de partager une somme de 3,000 fr. entre trois créanciers, mais vous ignorez à quelle somme nette se montera le mémoire de chacun d'eux, et vous êtes obligé, pour que ce partage se fasse proportionnellement, d'attendre qu'ils vous aient remis leurs factures. Eh bien, cette dette est une *dette non-liquide*. Les dettes contractées avec un tailleur doivent toujours être classées dans cette catégorie, parce que vous ne savez réellement ce que vous lui devez que souvent long-temps après qu'il vous a fait sa fourniture. Voilà la *dette non-liquide* ou *solide* proprement dite.

16° Dette litigieuse, est celle qui est sujette à contestation: un marchand de drap vous vend de l'Elbeuf pour du Louviers, bien que vous ne payez pas plus l'un que l'autre, ce n'en est pas moins une dette litigieuse.

17° Dette personnelle Elles le sont toutes lorsqu'on peut les payer *avec de l'argent.* Sinon, il n'en existe pas une seule.

18° Dettes privilégiées sont celles que l'on doit payer de préférence, lorsqu'on en est réduit à cette extrémité.

19° Dette propre, est une dette particulière de 100,000 fr. au moins et de 2,000,000 au plus. Passé cette quotité, cette dette rentre dans le domaine des *dettes nationales.* Une *dette propre* comme une *dette nationale* n'engagent à rien le débiteur.

20° Dette pure et simple, c'est tout simplement acheter, prendre, louer, emprunter ou consommer sans payer. Cette nature de dettes est le véritable pont aux ânes.

21° Dette réelle. C'est celle qui n'a rien de simulé, une lettre de change, par exemple.

22° Dettes sales. Ce sont les dettes de savetier. Cette dette, pour conserver sa qualification, ne doit jamais dépasser 2 fr. 25 c., prix d'une paire de becquais.

23° Dette simulée. Est celle que l'on contracte en *apparence,* mais qui cependant finit presque toujours par devenir *réalité,* comme, par exemple, de prêter sa signature à un ami, sous promesse de sa part qu'il fera les fonds à l'échéance.

24° Dette de société. C'est emprunter à son voisin, après avoir perdu à l'écarté, 10, 15, 20 ou 25 napoléons pour continuer de jouer contre lui.

25° Dette surannée. C'est une dette contractée avant sa majorité. On peut ne les payer qu'après sa mort, si cela convient mieux.

26° Dettes usuraires. Est celle où le créancier a prêté son argent à 48 pour %, ou tout autre taux plus fort que celui voulu par la loi.

Un homme qui a des principes ne peut décemment accepter un argent qu'on lui prêterait, sur sa signature, à plus de 48 pour % par an, par la raison que l'administration toute philantropique du Mont-de-Piété, qui ne prête que sur un gage valant au moins cinq fois la valeur de ce qu'elle vous avance, se contente de moitié, c'est-à-dire 24 pour % par an; à la vérité tous frais compris, et sans avoir à craindre la prise de corps, ce qui n'est pas peu de chose. J'en parlerai dans ma neuvième leçon.

DEUXIÈME LEÇON.

De l'Amortissement.

Principe.—Vérité.—Préjugé.—Manières diverses de payer ou d'éteindre les dettes de quelque nature qu'elles soient.—De la prescription.—Moyen légal enseigné par le Code.—Danger des à comptes.—Lettre de Mon Oncle.—Mauvais effet des remboursemens en argent.—Satisfaction des créanciers.

En principe, vous devez tâcher de vous faire, de tous vos créanciers, des amis qui vous aiment véritablement, et vous le prouvent en continuant de vous faire crédit. Faites en sorte qu'ils soient plus que tous autres intéressés à la conservation de vos jours, qu'ils s'inquiètent si vous avez un rhume, ne serait-il que de cerveau, et qu'ils tremblent s'il vous arrive une fluxion de poitrine.

Si par hasard vous vous avisiez de les payer, ou seulement de leur donner un à compte en argent, vous les désintéresseriez complètement, et vous les verriez changer leur tendre sollicitude contre une profonde indifférence. S'il vous arrivait de leur faire un règlement, un billet, un engagement quelconque, rencontrant un de vos intimes amis, ou se trouvant dans un endroit où il serait question de vous, ils ne demanderaient pas seulement de vos nouvelles. L'argent que vous pourriez leur donner en fait tout à coup des êtres froids ou indifférens. Tout ce que je puis vous passer dans cette circonstance, c'est de leur promettre purement et simplement, sans désignation de terme fixe; de cette manière vous entretiendrez chez eux ces affections douces qui font le charme de la vie, et augmentent encore le crédit qu'on peut avoir.

Il est une vérité incontestable que mon oncle a omise dans ses pensées détachées; c'est qu'il vaut mieux être sans le sou que sans crédit.

Cependant il existe un préjugé fortement enraciné, c'est que tôt ou tard il faut finir par payer, voilà ce qui perd les *consommateurs*; car du moment où vous payez vous n'avez plus de crédit. Commencez donc par ne jamais payer, et finissez de même, vous m'en direz de bonnes nouvelles. Si à vingt ans vous jouissez d'un crédit de 20,000 fr., et que vous suiviez toujours cette méthode, vous êtes sûr d'en avoir un de 100,000 fr., lorsque vous aurez atteint votre quarantième année.

Quoi qu'il en soit, les dettes peuvent s'acquitter ou s'amortir de huit manières différentes,

Savoir:

1° Par le paiement.

C'est sans contredit la façon la plus simple de les acquitter; mais en suivant cette méthode, l'ouvrage de mon oncle devient inutile.

2° Par compensation d'une, ou plusieurs dettes, avec une, ou plusieurs autres.

Cette espèce d'amortissement, assez avantageuse au débiteur qui *raisonne*, s'appelle *embrouillage*.

3° Par la remise *volontaire* que fait le créancier.

Je ferai seulement observer que ce n'est presque jamais *volontairement*.

4° Par la confusion qui se fait des qualités de *créancier* avec celle de *débiteur* en une même personne.

Le temps et la patience sont les seules monnaies avec lesquelles cette nature de dette doive s'acquitter.

5° Par une consignation valable.

Même réflexion qu'à ma première manière.

6° Par *une fin de non-recevoir* ou *prescription*[8].

Cette méthode est tellement excellente, que nous lui consacrerons plus bas quelques réflexions.

7° Par la décharge que le débiteur obtient en justice.

Mauvais moyens qu'on ne doit même jamais tenter, parce qu'en supposant que vous n'obteniez pas gain de cause, la justice s'institue votre *créancière*, et vous êtes bien forcé d'en passer par où elle veut, ou à peu près, à moins cependant que les choses se passent en Normandie.

8° Enfin, par la mort du débiteur, toutefois après avoir été reconnu et déclaré insolvable, ou encore par celle du créancier, s'il ne possède aucun titre écrit.

Il est à remarquer que les sept-huitièmes de dettes contractées s'éteignent naturellement de cette manière, par la raison plus naturelle encore que le débiteur ou le créancier s'éteignent à leur tour après un laps de temps voulu; cela dépend beaucoup de l'âge des uns, et de la patience des autres.

J'ai dit tout-à-l'heure que la *prescription* était un des moyens légaux et les plus efficaces pour payer ses créanciers et s'acquitter envers eux de toutes manières *sans leur donner un sou.* Cette assertion est facile à prouver par l'article 2271 du Code civil, livre III, titre 20, qui est la seule monnaie que vous puissiez leur offrir, et dont ils sont forcés de se contenter.

Ainsi, vous voulez vous loger, vous nourrir, vous instruire, et de plus, par une sollicitude toute philantropique, donner de l'occupation aux artistes et aux gens de lettres qui n'en ont guère dans ce moment, le tout, je le répète, *sans débourser un sou*? Eh bien, ne vous en faites pas faute, le propriétaire, le restaurateur, l'instituteur, le peintre et le poëte se sont payés eux-mêmes lorsqu'ils ont attendu six mois.

Vous pouvez donc aller loger à l'hôtel Meurice, déjeûner et dîner tous les jours au Palais-Royal, chez Châtelin, apprendre l'anglais ou l'allemand, faire faire votre portrait par Millet ou madame Salvator-Callaut, et adresser des vers à votre maîtresse par l'entremise d'un de nos premiers versificateurs, si vous ne savez pas les faire vous-mêmes; tout cela pour la somme de 2 fr. que coûtent les *cinq Codes,* que vous achèterez et payerez de la même manière au libraire, afin d'y étudier et d'y approfondir, à votre aise, ce sublime article 2271, qui est à lui tout seul une mine d'or, une véritable source de prospérités.

J'ai dit, au commencement de cette leçon, qu'il fallait bien se garder de jamais donner le plus léger à compte à ses créanciers, sous peine de se voir retirer tout-à-coup son crédit; mon oncle prouve cette assertion d'une manière si victorieuse, que je crois devoir, pour en donner un exemple frappant, le laisser parler lui-même.

«A mon retour des eaux de Plombière (m'écrivait-il), je vécus durant toute une année chez un vertueux restaurateur du faubourg Saint-Germain, qui se contentait de porter tous mes repas en compte. Après plus de trois cent soixante-cinq jours d'assiduité, étant déjà son débiteur de près de 1,400 fr., je tombai malade tout-à-coup. Mais combien fut grande mon émotion lorsque je vis cet honnête traiteur entrer chez moi le lendemain matin, accompagné de son médecin, avantageusement connu dans la capitale par les cures merveilleuses qu'il y avait opérées sans sangsues ni lavemens! Mon Amphytrion me serre affectueusement la main....... Une tendre inquiétude se peignait dans tous ses regards.

»Je me laisse tâter le pouls. Il demande à son esculape si ma maladie devait être sérieuse, et, sur sa réponse négative, il eut beaucoup de peine à le tranquilliser. Pour m'acquitter envers le restaurateur, autant que je le pouvais, et toujours d'après la méthode dont j'ai tâché de lui faire entrer les premiers principes dans la tête, je consentis à lui montrer ma langue qui, n'étant pas mauvaise, annonçait un estomac sain.

»Le docteur ayant déclaré que la diette prolongerait ma faiblesse, et que j'avais, au contraire, besoin de suivre un régime réconfortant, quelle fut ma reconnaissance, lorsque le soir du même jour on vint me présenter, de la part de mon sensible restaurateur, un bouillon, ou plutôt une quintessence de jus de viande; et pendant huit mortels jours que dura ma maladie, il me destina tous les matins les prémices de son vaste pot-au-feu; du moins, si j'en dois croire les yeux d'or qui se balançaient à sa surface. Il accompagnait cela d'une paire de côtelettes panées, qui n'auraient pas été indignes d'une mâchoire éligible, et d'un flacon d'un bordeaux généreux.

»Ce régime me remit bientôt sur pieds: aussi ma reconnaissance me conduisit-elle d'abord au restaurant de mon second père nourricier, qui fut enchanté de me voir attablé. Là, et en sa présence, je fis le premier essai de mes forces sur un *filet de chevreuil, sauté au vin de Madère*, et je les éprouvai tout-à-fait sur une *moitié de poulet à la marengo*; une bouteille de *Mercuray* me donna du courage, entre le *chester et le moka*; ma victoire fut complète, et je la couronnai par un verre de *maraskin*.

»Si tu avais vu avec quelle satisfaction ce véritable ami admirait ces mouvemens répétés du poignet et du coude, comme il applaudissait à l'élasticité de la mâchoire inférieure, à cette longue haleine, gage de son unique sécurité....

»Dès ce moment mon crédit fut illimité, et mon *producteur* aux anges!.... Impossible d'être plus enchanté.»

Ce fragment de lettre de mon oncle prouve assez le résultat d'une dette constamment entretenue. Le plus léger à compte aurait tout gâté.

Mais s'il fallait enfin citer un exemple fameux du mauvais effet des remboursemens, je rappellerais ici le projet de loi que la chambre des députés avait adopté, et que la chambre des pairs, dans la haute sagesse dont elle a donné des preuves si éclatantes depuis, rejeta aux acclamations de toute la France. Elle n'ignorait pas combien les remboursemens, de quelque nature qu'ils soient, sont désastreux. Rembourser un créancier, c'est en faire une statue, c'est paralyser tous ces moyens, c'est tuer le commerce.

TROISIÈME LEÇON

Des Créanciers.

Différentes sortes de Créanciers.—Tous ne se ressemblent pas.—A qui appartient-il de prendre le titre de créancier?—En vertu de quels droits?— Permission dont peuvent user les créanciers.—Ce qui leur est défendu.— Coutumes diverses.—Terre classique des créanciers.

Parmi les créanciers que l'on peut avoir, il s'en trouve toujours quelques-uns, gens débonnaires et sensibles, qui finissent quelquefois par s'attacher au débiteur qui ne les a jamais payés. On en a vu devenir son ami intime, s'affecter des embarras et des soucis où il le voyait plongé, et pleurer de tendresse aux témoignages de reconnaissance qu'il lui prodiguait. C'est un genre d'hommes excellens. Une fois qu'ils vous ont pris en affection, il n'y a pas moyen de vous en débarrasser; c'est un changement qui s'opère dans le moral: ces sortes de créanciers, fort rares d'ailleurs, ont pris, de vous recevoir chez eux, ou d'aller vous voir, une telle habitude, qu'il manquerait quelque chose à leur bien être, s'ils restaient vingt-quatre heures sans pouvoir vous parler: votre figure semble leur faire nécessité; mais ne vous y fiez pas, tous ne sont pas de même, et, pour ma part, j'en connais bon nombre qui n'ont pas des idées toutes aussi philantropiques.

Avant tout, apprenez donc ce que c'est qu'un créancier proprement dit, et sachez, comme un naturaliste, distinguer les classes, les genres et les espèces.

On appelle *créancier* l'individu auquel il est dû quelque chose par un autre, comme une somme d'argent, une rente, des denrées, et en général, toutes pièces de fournitures que ce puisse être, à quelque titre et pour quelque cause que ce soit. Cependant, pour pouvoir se dire véritablement créancier de quelqu'un, il faut que celui qu'on prétend être son débiteur, ait été réellement obligé, et ce, naturellement.

On devient créancier en vertu d'un contrat, d'un billet, d'une reconnaissance, d'un jugement, d'un délit, etc., etc.: *Creditorum appellatione* (dit la loi 11, ff. DE VERS. OBLIG.) *non hi tantum accipientur qui pecuniam crediderunt, sedamus quibus ex quâlibet causâ debetur.*

Tous *créanciers* sont *chirographaires*[9], et les uns ou les autres sont *ordinaires* ou *privilégiés*.

Un *créancier* peut avoir plusieurs actions pour la même créance, savoir: une action personnelle contre l'obligé ou ses héritiers; une action réelle, s'il s'agit d'une créance foncière; une action hypothécaire contre les tiers détenteurs d'héritage hypothéqué, à la dette.

Il est permis au créancier, pour se procurer son paiement, de cumuler toutes les poursuites qu'il a droit d'exercer, comme de faire des saisies-oppositions, etc., etc, pourvu qu'il s'agisse au moins d'une somme de plus de 100 fr., et d'user aussi de la contrainte par corps si le titre de sa créance l'y autorise[10].

Mais il n'est point permis au créancier de se mettre de sa propre autorité en possession des biens, meubles ou immeubles, de son débiteur; il faut qu'il les fasse saisir d'abord, puis vendre après, le tout *par autorité de justice*. La raison en est que le créancier n'a aucun droit dans la chose qui appartient à son débiteur; il n'a pas sur cette chose, ce que les jurisconsultes appellent *jus in re*, il n'a droit qu'à la chose *jus ad rem*; c'est-à-dire qu'il n'a que la puissance de poursuivre son débiteur ou ses successeurs à le payer ou à lui restituer la dite chose.

On ne peut contraindre un créancier à morceler sa dette, c'est-à-dire à recevoir une partie de ce qui lui est dû, ni de recevoir en paiement une chose pour une autre, ni d'accepter une délégation et de recevoir son paiement dans un autre lieu que celui où il doit être fait.

Lorsque plusieurs prêtent conjointement quelque chose, chacun d'eux n'est censé créancier que de sa part personnelle, à moins qu'on n'ait expressément stipulé qu'ils seront tous créanciers solidaires, et que chacun d'eux pourra seul, pour tous les autres, exiger la totalité de la dette.

La qualité de créancier est un moyen de reproche contre la déposition d'un témoin: ce serait aussi un moyen de récusation contre un arbitre et contre un juge.

Il faut encore remarquer ici quelques usages singuliers qui se pratiquaient autrefois par rapport au créancier.

A Bourges un créancier pouvait se saisir des effets de sa caution et les retenir pour gages sans la permission du *prévôt* ou du *voyer*[11].

Tous les bourgeois de Chartres jouissaient des mêmes priviléges.

En poursuivant le paiement de sa dette à Orléans, le créancier ne payait aucun droit, se considérant comme étranger.

En Normandie c'était tout le contraire; mais il était en quelque sorte plus difficile à la justice de se faire payer de ses droits par un créancier que de faire payer un créancier par son débiteur. On sait au surplus que de tout temps la Normandie a été la terre natale et classique et des débiteurs et des créanciers.

QUATRIÈME LEÇON

Des Débiteurs

L'Alexandre des Débiteurs.—Qu'est-ce qu'un débiteur?—Droits et prérogatives accordés aux débiteurs.—Coutumes juives, indiennes, orientales et françaises.—Lois diverses concernant les débiteurs.— Usages reçus.

Mon oncle a été très-lié avec un débiteur célèbre que nous connaissons tous, qui a dû et doit encore plusieurs millions. C'est un de ces gaillards dont aucun créancier ne peut se vanter d'avoir su jamais tirer un sou; lui tout au contraire roule sur l'or et l'argent; il a fait des fournitures aux divers gouvernemens de l'Europe, a avancé des capitaux aux monarques qui n'en avaient pas; car la classe des honnêtes gens sans argent est immense, et dans ce dernier temps il a gagné, dans une seule campagne, jusqu'à 1200 francs par heure. Il est malheureux pour lui que cet état de choses n'ait duré que trois mois.

Cet individu est parvenu à s'isoler tellement des lois et ordonnances de commerce, qu'il est insaisissable dans sa personne comme dans ses écus. Il a à son service des mannequins et des hommes de paille, et n'a pris une femme que pour en faire un prête-nom. Faut-il recevoir, prendre, accaparer, soumissionner même? Le gouvernement le trouve toujours sous sa main en chair et en os. Faut-il payer? Il n'est plus qu'une vapeur ou une chimère du genre de celles que poursuivent bon nombre de romantiques qui n'ont rien de commun avec ce type des débiteurs.

Cependant il n'est pas sans avoir été visiter l'utile établissement si honorablement mentionné dans ma dixième leçon; mais on a prétendu que c'était simplement pour la forme et pour prendre connaissance des lieux.

Malheureusement il n'existe que peu de débiteurs de cette trempe, et tous les malheureux consommateurs, pour lesquels j'écris, sont loin d'avoir les moyens nécessaires pour pouvoir opérer de même.

Or, il faut ici que j'explique ce que c'est qu'un *débiteur*, et quels sont les cas où l'on peut être considéré comme tel.

L'on appelle débiteur celui qui doit quelque chose à un autre.

Le *débiteur* est appelé dans les lois romaines *debitor* ou *reus debendi, reus promittendi* et quelquefois *reus* simplement; mais il faut prendre garde que ce mot *reus*, quand il est seul ou isolé, signifie quelquefois le coupable ou l'accusé, c'est-à-dire le *débiteur* ou le *créancier*.

L'Écriture défend au *créancier* de vexer son *débiteur* et de l'opprimer soit par des *usures*, soit par de *mauvaises paroles*[12].

Ce précepte a cependant été constamment mal pratiqué chez les nations tant anciennes que modernes; chez les Juifs par exemple le *créancier* pouvait, faute de paiement, faire emprisonner son *débiteur* et même faire vendre, lui, sa femme et ses enfans.

Le débiteur devenait en ce cas l'esclave de son créancier. En Turquie les choses étaient encore pires: un créancier musulman avait le droit de faire empaler son débiteur quoique musulman comme lui, après le temps de la promesse de paiement expiré; si le débiteur était ou Grec, ou Juif; Chrétien, catholique Romain; à plus fortes raisons, il pouvait le faire empaler *sans savon*, en ayant soin toutefois d'en faire sa déclaration aux autorités compétentes[13].

La loi des *douze tables* était encore plus sévère, car elle permettait de déchirer en pièces les *débiteurs*, et d'en distribuer les membres aux créanciers, par forme de remboursement au marc le franc. Mais s'il n'y avait qu'un créancier, il ne pouvait ôter la vie à son débiteur; il pouvait seulement le faire vendre aux enchères sur le marché public.

Dans l'Inde les créanciers n'étaient pas si mal élevés; ils se contentaient de coucher avec la femme ou une des filles de son débiteur (à son choix); mais il ne pouvait le faire qu'une seule fois[14]. Un coup de tête de cette nature coûtait souvent fort cher aux créanciers amoureux. C'est sans doute de cet usage que nous est venu le proverbe: *se payer sur la bête*.

Le pouvoir de rendre son débiteur insolvable, et celui de le retenir en servitude dans sa maison, fut ôté aux créanciers par le tribun Petilius, qui fit ordonner que le débiteur ne pourrait plus être adjugé comme esclave au créancier. Cette loi fut renouvelée et amplifiée 700 ans après, par l'empereur Dioclétien, qui prohiba totalement ce genre de servitude temporelle appelée *nexus*, et dont il est parlé dans la loi *ob æs alienum, codice de obligat*. Les créanciers depuis l'an 428 de Rome ont seulement eu la faculté de retenir leurs *débiteurs* dans une prison publique, jusqu'à ce qu'ils eussent payé. Tout ceci vient à l'appui de l'assertion de mon respectable oncle, qui prétendait que les créanciers étaient aussi anciens que le monde, et que du moment où il y eut deux hommes sur la terre, l'un des deux devint nécessairement créancier de l'autre.

Jules César, touché de commisération pour les débiteurs malheureux, leur accorda le bénéfice de cession, afin qu'ils pussent se tirer de captivité en abandonnant tous leurs biens, et qu'ils ne perdissent pas toute espérance de se rétablir à l'avenir. Ainsi la peine de mort et de servitude étant abolie, il ne resta plus contre le débiteur que la *contrainte par corps*, et dieu sait si depuis, les créanciers de ce temps là, jusqu'aux créanciers de ce temps-ci, ces Messieurs ont largement usé de la loi de Jules César, qui paraîtrait encore être en vigueur aujourd'hui plus que jamais, et voilà comme les bonnes institutions s'éteignent promptement, tandis que les mauvaises semblent ressusciter.

Cependant chez les Gaulois, les gens du peuple qui ne pouvaient point payer leurs dettes se donnaient en servitude, c'est ce que les Latins appelaient *addicti homines*. Tandis qu'à Rome le débiteur qui se trouvait hors d'état de payer, obtenait facilement un délai de deux ans, et même jusqu'à un terme de cinq années. En France, suivant l'ordonnance de 1669, les juges, même souverains, ne pouvaient donner ni répit, ni délai de payer, si ce n'était en vertu de lettre du grand sceau, appelées *lettres de répit*. A Rome encore, les qualités de créancier et de débiteur réunies dans une même personne, opéraient une confusion d'action qui amortissait la dette de quelque côté qu'elle se trouvât exister, ce que mon oncle définit si bien sous la qualification *d'embrouillage*.

Enfin l'on trouve dans l'*Histoire générale des voyages*, quantité d'usages singuliers sur la manière dont on traite les débiteurs dans plusieurs gouvernemens. On rapporte que dans la Corée, le créancier a droit de donner chaque jour quinze coups de bâton sur les os des jambes du débiteur qui n'a pas payé à l'échéance, et que les parens sont tenus de payer les dettes de leurs alliés. En France les choses se passent à l'inverse, car il n'est pas rare de voir les créanciers recevoir des coups de bâton de la part des débiteurs, et les parens renier les dettes, et par conséquent ne les pas payer, même de leurs plus proches alliés.

CINQUIÈME LEÇON

Qualités nécessaires

AU CONSOMMATEUR QUEL QU'IL SOIT ET SANS ARGENT, POUR METTRE A PROFIT LES PRÉCEPTES ENSEIGNÉS PAR MON ONCLE, ET S'ACQUITTER AVEC SES CRÉANCIERS.

Qualités physiques et morales.—Leur nombre et leur nature.—De la santé et de l'aplomb.—Réflexions.—Exemples faciles à mettre en pratique.

Un consommateur sans argent, qui a des dettes et des sentimens, et, par-dessus tout cela, le vif désir de satisfaire ses créanciers, doit, avant tout, être richement doté par la nature, puisqu'il ne l'a pas été de même par la fortune.

Avant que de rien entreprendre, il devra se soumettre à un examen sévère de toute sa personne. Cet examen devra rouler sur deux points principaux qui sont:

1° La connaissance parfaite de ses qualités physiques.

2° *Idem* de ses qualités morales.

Cet examen de la plus grande importance exigera, de sa part, la plus sévère impartialité, car, s'il n'y prend garde, la moindre indulgence pourrait le conduire à de funestes conséquences, ou, qui pis serait, lui faire prendre la route de Sainte-Pélagie, où il irait tout à son aise repasser ses premiers examens. Ainsi donc, qu'il ne se délivre pas trop légèrement un diplôme.

Je crois donc devoir lui indiquer, pour les *qualités physiques*, dix-huit de ces mêmes qualités sur lesquelles il ne saurait trop s'appesantir; et, pour les *qualités morales*, huit *seulement* qu'il ne saurait jamais trop perfectionner, si déjà elles ne sont arrivées au degré voulu.

Les qualités physiques se composent de

Savoir:

1. Une santé de fer, (c'est une des plus importantes, et j'en dirai quelques mots ci-après).

2. De vingt-cinq à quarante-cinq ans d'âge, (terme moyen 36 ans).

3. Taille de cinq pieds cinq à sept pouces.

4. Tête régulière.

5. Yeux vifs et perçans, (noirs ou bleus).

6. Nez fin.

7. Bouche grande et ornée de ses trente-deux dents (toujours bien entretenues).

8. Cheveux courts, (noirs, châtains ou blonds, mais noirs de préférence si l'on peut).

9. Favoris épais.

10. Les épaules de dix-huit pouces de diamètre.

11. Reins solides.

12. Bras longs et vigoureux.

13. Poigne d'airain, (les ongles toujours courts).

14. Cuisses rebondies.

15. Jarrets de cerf.

16. Mollets de quatorze pouces de circonférence.

17. Pieds légers.

18. Enfin une force d'Hercule.

J'ai dit tout-à-l'heure que la santé était une des qualités physiques les plus nécessaires: c'est la vérité; car, si vous pouvez atteindre l'âge de soixante-dix ou quatre-vingts, ou ce qui est le *nec plus ultra* de quatre-vingt dix ans, il y a quarante-cinq (qui est le terme moyen) à parier contre un, que vous enterrerez les quarante-quatre quarante-cinquièmes de vos créanciers. Or, j'ai dit et prouvé que la mort d'un créancier était un des moyens d'amortissement naturels indiqués par mon oncle, et certes, votre créance ainsi acquittée, le créancier ne peut vous en vouloir; car de même que Dieu ne veut pas la mort du pécheur, un débiteur ne peut désirer celle de son créancier, attendu que d'après le principe «moins on a de créanciers, moins on a de ressources.»

Ce sont là, j'espère, de bonnes et solides qualités, des qualités tout-à-fait *privilégiées*, et je dis privilégiées parce que, pouvant les acquérir facilement par l'exercice et un régime y relatif, on peut s'en défaire de même. Je défie M. le ministre des finances de vous assujettir à un droit d'enregistrement. En un mot ces avantages qui sont de véritables propriétés sont de nature *insaisissable* par les créanciers, la nature seule pourrait mettre opposition à leur revenu.

Quant aux qualités morales, elles peuvent se ranger à peu de chose près dans la même catégorie. J'en reconnais huit indispensables et qui doivent se classer ainsi;

Savoir:

1. De l'aplomb (c'est la plus importante de toutes: je le prouverai ci-après).

2. Une présence d'esprit continuelle.

3. Une mémoire de créancier.

4. Le sang-froid d'un de nos anciens grenadiers.

5. Un courage à toutes épreuves (ce qui est à peu de chose près la même chose sauf les nuances).

6. Une patience de garde-malade.

7. Une adresse sans exemple à tous les jeux ou à tous les exercices; (qualité extrêmement importante et pour la possession de laquelle il est bon de prendre des leçons des grands maîtres pour pouvoir en donner à son tour lorsque l'occasion s'en présente).

8. Enfin, une faim de loup (cette dernière qualité morale n'est réputée telle que depuis très-peu de temps; mais enfin, les autorités qui l'ont prouvée journellement ne laissent à cet égard aucun doute, surtout depuis qu'une d'elles a démontré, clair comme le jour, que: *les grandes pensées viennent de l'estomac*).

J'ai dit tout-à-l'heure que l'aplomb était, de toutes les qualités morales, la plus importante: c'est plus qu'une qualité, c'en est dix, vingt, cent, mille, etc., c'est même une vertu. Avec de l'aplomb seul, on peut facilement remplacer les six qualités morales indiquées.

En effet, qu'est-ce que la présence d'esprit? de l'aplomb dans les idées. Qu'est-ce que la mémoire? de l'aplomb dans les souvenirs. Qu'est-ce que le sang-froid? de l'aplomb avant le danger. Qu'est-ce que le courage? de l'aplomb pendant l'action. Qu'est-ce que la patience? de l'aplomb dans les désirs. Qu'est-ce que de l'adresse? encore une espèce d'aplomb dans les gestes et les mouvemens. Il n'y a donc que la huitième qualité morale qui ne puisse se remplacer par de l'aplomb, c'est *la faim*. Au fait, un estomac vide ne peut entreprendre ni soutenir de grandes choses.

L'aplomb consiste principalement à laisser sans réplique tout ce qui ressemble à un raisonnement ou à une question, à nier l'évidence, à soutenir l'impossible, en un mot à donner à tous les faits et à tout ce qui a le caractère de preuve un démenti robuste et laconique. *Non, si; cela est, cela n'est pas; c'est impossible, c'est possible;* tel est le court glossaire du langage de l'homme qui a de l'aplomb.

Exemples.

Un premier créancier va vous soutenir que vous n'avez pas le sou pour le payer; n'allez pas vous époumoner pour lui prouver le contraire? répondez tout simplement: *c'est possible*......, et votre homme reste muet...... Il est content.

Un second créancier, auquel vous avez promis de rendre une somme de..... qu'il vous a prêtée, se hasarde à vous dire que vous lui avez manqué de parole; n'allez pas lui raconter pourquoi ou comment vous vous trouvez embarrassé? répliquez-lui tout bonnement: *cela se peut*... Il n'hésite pas... donc qu'il est satisfait.

Un troisième créancier, (votre propriétaire, par exemple,) vient vous faire une visite, en profitant de la circonstance pour vous apporter sa quittance; regardez-le avec un air indécis, accompagné d'un *c'est impossible!* Il vous soutient le contraire, sa boîte à tabac et à almanach à la main. Un homme sans aplomb querellerait sur le taux du loyer ou les jours de grâce, un homme qui en a, répond hardiment: *Mais non!* Si le propriétaire est mal élevé, il se fâche et menace de faire vendre les meubles, vous lui objectez un *je ne le crois pas!* il se vexe et instrumente; mais les meubles ne sont pas en votre nom, il l'apprend, se vexe de nouveau, et cette fois vous avez doublement raison en lui répondant: *C'est possible*..... Il n'a plus rien à dire, et s'en va; mais la question de savoir si dans cette circonstance il est satisfait ou non, est encore indécise, cela dépend de l'acabit du propriétaire.

Enfin, avec de l'aplomb, vous commandez la confiance, vous passez pour un garçon ferme et prudent. Cependant n'allez pas croire que cette sublime qualité puisse vous empêcher d'aller à Sainte-Pélagie, parce que si l'aplomb est permis aux débiteurs, il n'est pas défendu aux créanciers; fussiez-vous logé *rue de la Clef*, il est de votre dignité et de votre politique de ne répondre à celui qui vous montrerait les verrous et les grilles de votre modeste cellule, que..... *C'est possible.*

Telles sont les *dix-huit qualités physiques* et les *huit qualités morales*, en tout vingt-six qualités, qui vous sont absolument nécessaires pour pouvoir vous acquitter avec vos créanciers d'une manière satisfaisante sans leur donner un sou; si vous ne les possédiez pas toutes les vingt-six intégralement, vous auriez tort de suivre ce système financier, et feriez encore mieux de n'avoir ni dettes ni créanciers.

SIXIÈME LEÇON

Dispositions générales.

Vérité incontestable.—Choix d'un quartier.—Du logement.—Des Portiers.—Du Propriétaire.—Du mobilier.—Connaissances qu'il faut avoir en physique.—Des Domestiques.—D'une Femme de ménage.—Conseils à suivre.

Quiconque n'a pas d'argent est bien forcé de vivre à crédit; s'il n'en a pas il faut qu'il s'en fasse, et quand il s'en sera fait, il en aura beaucoup plus qu'il ne lui en faudra pour ses consommations habituelles.

Voilà une idée qui sans doute va étonner un grand nombre de mes lecteurs déjà endettés, ou auxquels on doit beaucoup depuis long-temps, mais ce n'est pas ma faute s'ils n'entendent rien à la profession de *producteurs* et de *consommateurs*.

Pour arriver parfaitement au but que mon oncle a proposé, il faut, suivant son dicton, *savoir raisonner son affaire*. Or, qu'est-ce que savoir raisonner son affaire, c'est savoir se loger, se nourrir, se vêtir, se divertir, en un mot *s'entretenir* sans rien devoir ni sans débourser un sou.

Parmi ces choses il en est de plus ou moins nécessaires, de plus ou moins indispensables; en suivant l'ordre de leur nécessité, nous commencerons donc par la première de toutes, qui est le logement.

Le choix du quartier de la capitale, que vous devez prendre pour y élire domicile, n'est pas une chose de peu d'importance, et vous devez le choisir à un point tel que sa situation établisse entre vous et vos créanciers une distance de deux lieues au moins; or, comme vos créanciers peuvent se trouver disséminés dans chacun des douze arrondissemens de Paris, vous ferez bien de vous loger (si cela vous est possible) *extra muros*, c'est-à-dire au-delà de la barrière, en choisissant celle qui aboutit au quartier où vous avez le moins de créanciers.

Vous devrez faire connaissance avec le portier chargé de la garde de la maison que vous avez l'intention d'occuper, même avant d'y avoir arrêté un appartement. Peu de consommateurs pourraient se faire une idée précise de l'énorme influence que les portiers exercent sur nos destinées, puisqu'ils peuvent nous nuire ou nous servir, selon leur caprice ou le degré de capacité dont ils sont doués, de huit manières différentes et de cette manière.

1º Dire que nous sommes chez nous, lorsque nous n'y sommes pas.

2º Dire que nous ne sommes pas chez nous lorsque nous y sommes; (ce qui est quelquefois pis.)

3º Refuser les lettres et paquets qui peuvent nous être adressés.

4° Recevoir les assignations et autres correspondances de même genre, lorsqu'ils pourraient s'en dispenser.

5° Inspecter notre conduite et en tirer des conséquences.

6° Faire manquer une affaire majeure, par la manière dont ils auront répondu lorsqu'on se sera présenté chez eux, relativement au *chapitre des renseignemens*.

7° Ne pas vouloir se réveiller le matin pour tirer le cordon, lorsque nos affaires ou l'état de notre santé nous forcent à prendre l'air cinq minutes avant le jour.

8° Enfin ne pas ouvrir le soir lorsque l'on rentre un peu trop tard, quoiqu'on ait frappé dix fois et qu'il vous ait parfaitement entendu, ce qui entraîne une suite d'inconvéniens incalculables.

En effet, de quels contre-sens ne voyons-nous pas chaque jour un portier se rendre coupable! ses propos peuvent changer une réputation du tout au tout. Seriez-vous, dans le monde, un modèle animé de l'Apollon du Belvéder; chez le portier, vous êtes un nouvel Ésope. Si le nom de quelque locataire finit par une terminaison semblable au vôtre, il envoie à celui-ci l'argent que vous avez emprunté et que l'on a déposé chez lui pour vous; il envoie à celui-là un billet doux qui vous était destiné, et le voisin va au rendez-vous à votre place. Vient-il un créancier, il se gardera bien de dire que vous venez de sortir à l'instant. Votre maîtresse est-elle parvenue à s'échapper un moment pour venir vous trouver, le portier prétend que vous n'êtes pas rentré la veille; enfin la négation *non* au lieu de l'affirmation *oui*, et *vice versa* vous êtes un homme perdu.

Sachez donc plaire au portier avant même d'avoir fait votre première visite au propriétaire, tâchez surtout de vous en faire un ami, et de vous mettre bien avec sa femme, s'il en a une qui ne soit ni trop vieille, ni trop sale, ni trop bavarde, ni trop curieuse, ce qui est très-rare, je l'avoue.

Mon oncle, qui avait prévu tous ces cas, conseille de prendre, de préférence, un logement dans une maison qui n'a pas de portier. Cette circonstance offre souvent de grands avantages, mais aussi elle n'est pas sans inconvénient. C'est à vous d'examiner attentivement votre position et de voir quel est celui de ces deux cas qui peut vous offrir le plus de ressources.

Quant au choix du logement, c'est encore une partie non moins essentielle. Jamais d'appartement au-dessous du quatrième au-dessus de l'entresol, et toujours sur le devant; de là, vous pouvez, en vous mettant à la fenêtre, dominer sur tout ce qui vous entoure. Un créancier s'est-il décidé à s'acheminer vers votre demeure, il vous apparaît d'un demi quart de lieue, comme un point sur l'horizon, déjà vous savez à qui vous avez affaire, bientôt il grossit en s'avançant, vous l'avez reconnu, vous avez encore cinq minutes pour décider de quelle manière vous devez en agir à son égard. Une bonne lorgnette, une longue vue deviennent, dans cette circonstance, un meuble de la première utilité, puisqu'il vous fait gagner du temps en mettant à votre disposition dix minutes de plus pour réfléchir.

Mon oncle avoue qu'il faillit une seule fois être conduit à Sainte-Pélagie (encore était-ce à la place d'un autre) parce qu'il avait commis la fatale imprudence de se loger, au premier, sur le derrière, dans une maison du quartier du Palais-Royal; il ajoute très-judicieusement qu'une lieue et demie de chemin, et cent trente-huit marches à monter affaiblissent prodigieusement les forces et la mauvaise humeur d'un créancier. En effet, arrivé à votre porte, épuisé, rendu, ce n'est plus de l'argent qu'il vous demande, c'est une chaise et un verre d'eau. On sait que l'un et l'autre sont faciles à procurer même coup sur coup.

Quant au mobilier, il est un préjugé généralement répandu parmi la plupart des consommateurs, c'est qu'il faut qu'ils aient un entourage somptueux pour en imposer à leurs *producteurs* et leur inspirer de la confiance.

Cette idée était bonne du temps de Charles-Martel et de Pépin-le-Bref, où un siège sur lequel on pouvait s'asseoir passait pour un chef-d'œuvre d'industrie; mais maintenant que l'on fait des lits sur lesquels on peut dormir debout sans se coucher, tout cela n'en impose plus, et ce luxe n'est propre qu'à étonner les enfans.

Ainsi donc votre mobilier ne doit être composé que de très-peu de choses, mais de choses originales et propres à fixer l'attention de ceux qui seraient à même de l'examiner en attendant mieux.

Meublez-vous par la mécanique, éclairez-vous par le gaz hydrogène, et défendez-vous de l'approche de l'ennemi par la physique.

Mon oncle a fait cet essai avec un rare bonheur sur ses créanciers. Il avait une machine électrique d'une assez jolie dimension, et observait toujours de la tenir abondamment chargée du mystérieux fluide; il l'avait mise en communication avec la clef de sa porte d'entrée par un fil conducteur; de l'aspect de cette clef constamment sur sa porte, il en retirait un sentiment de confiance sans bornes, parce que lorsqu'un créancier impatient venait à mettre la main dessus pour entrer chez lui, il recevait une commotion violente qui le livrait en proie à des sentimens confus d'engourdissement et de sorcellerie; il était rare qu'un créancier, quelque brave ou quelqu'entêté qu'il fût, se frottât une seconde fois à venir prendre une leçon de physique expérimentale, bien qu'il lui eût expliqué très-clairement les effets résultant des causes, et les causes résultant des effets, en physique.

Quant au choix d'un domestique, c'est une affaire trop délicate dans une position semblable en tout point à celle où je souhaite que vous vous trouviez, pour parvenir sûrement à votre but; il vaut infiniment mieux se servir soi-même. Je ne vous engagerai donc pas non plus à prendre une femme de ménage, la portière ne la verrait que d'un très-mauvais œil, et on sait ce que c'est que l'œil d'une portière mécontente; vous vous ressentiriez nécessairement du contre-coup de sa mauvaise humeur. Si vous ne pouvez vous astreindre à ces soins du ménage, dont un consommateur habitué à toutes ses aises ne peut se passer, faites d'une pierre deux coups, et choisissez de préférence votre portière ou sa fille si elle est jeune et adepte, parce que son père et sa mère se ressentiront, à leur tour, du contre-coup de vos générosités et de vos bonnes grâces à l'égard de leur fille. En elle, vous trouverez un défenseur officieux et un puissant auxiliaire pour repousser les invasions de la gent *créancière*.

SEPTIÈME LEÇON

Manière de vivre.

Dicton de mon Oncle.—Cas que l'on doit toujours prévoir.— Principe invariable.—Fournisseurs de tous genres auxquels on doit accorder la préférence.—Craintes mal fondées.—Emploi de la journée d'un consommateur qui sait raisonner son affaire.—Biens immenses occasionnés au commerce.—Résultats.

J'ai souvent entendu dire à mon oncle qu'il fallait bien se garder de dépenser la veille tout l'argent qu'on pouvait avoir en sa possession, quelque certitude que l'on ait d'en avoir le lendemain, parce qu'il arrivait presque toujours, par des *causes fortuites et indépendantes de la volonté* du consommateur, causes que l'on ne pouvait ni prévoir ni empêcher, que ces rentrées étaient ajournées, ou ne rentraient pas du tout; or personne ne sait mieux que moi combien mon oncle avait raison.

Supposons donc que ce cas arrive, et voyons quels sont les moyens de salut à y opposer: ils reposent sur un seul principe dont vous ne devez, dans aucun cas, comme sous aucun prétexte vous écarter; ce grand principe, le voilà!

Vous devrez toujours vous fournir de préférence chez les pourvoyeurs riches. 1° Parce qu'ils ont tout de première qualité. 2° Parce que vous devez mettre en pratique le principe tant de fois répété, que ces individus ayant trop, et vous pas assez, c'est un véritable service à leur rendre, et à vous aussi, que de chercher à rétablir l'équilibre, et personne plus que vous ne doit y être intéressé. 3° Parce que le vide que vous opèrerez dans leurs magasins, restera presqu'inaperçu; et quand même ce vide sera bientôt comblé par la clientelle payante, que votre consommation saura y amener.

En conséquence, vous ferez choix d'un propriétaire chez lequel tout puisse abonder et qui n'attende pas après vos cent écus de loyer pour pouvoir aller payer ses impositions. Il est à la connaissance de tous les locataires qu'il existe des propriétaires riches dans tous les quartiers de Paris, ainsi donc cela vous sera très-facile.

Vous déjeûnerez au Palais-Royal, et dînerez sur le boulevard des Italiens. Vous allez croire peut-être qu'il faut payer dans ces maisons-là; point du tout, leur prospérité ne se fonde que sur les couverts ou plutôt sur les convives qui ne payent pas, parce qu'ils savent choisir leurs mets, parce qu'ils savent allécher ceux qui ne savent pas se commander un dîner, mais qui savent le payer, parce qu'enfin ils consomment beaucoup plus que les autres. Chez les restaurateurs à 21 ou 32 s. on ne fait pas de crédit parce que tout le monde paye; mais dans les grands établissemens dont je vous parle, on a senti tout ce qu'un consommateur qui peut ne pas payer un dîner de 20 fr. qui en rapporte trente de 10 fr. qui sont payés, vaut à son producteur.

Je connais de grands restaurateurs qui vous payeraient volontiers pour que vous vous tinssiez à leur table toute la journée, appelant les garçons (toujours par leurs noms de baptême pour se donner un air d'habitué), demandant du champagne, faisant mousser leur vin et leur réputation. Votre figure opère, sur l'appétit paresseux ou économique des passans, l'effet d'une glace avant le dîner, et ils sont saisis d'une faim *engloutissante*.

Quant à vous, après avoir pris tout ce qu'il est possible de prendre, vous vous levez, et portant négligemment votre main au bouton doré de votre habit, comme pour chercher votre bourse dans la poche de votre gilet, vous en tirez un cure-dents; aussitôt le maître de la maison vous fait un signe de tête respectueux et reconnaissant tout à la fois, pour vous épargner un soin qu'il considérerait comme un affront; vous adressez en passant un petit salut et un coup-d'œil à la dame du comptoir, et la grâce de ceux qu'elle vous rend, indique assez qu'elle se croit encore trop payée par l'excellent appétit dont vous avez donné un exemple, aussi bien soutenu qu'imité.

Plaisanterie à part, il est de fait que les premiers restaurateurs de la capitale comptent par jour une demi douzaine de consommateurs de cette force sur les principes.

Vous ne vous habillerez pas autre part que chez Bardes, parce que ce gaillard-là, qui habillerait toute l'armée française, en vingt-quatre heures, sur la parole de M. le ministre de la guerre, peut bien vous faire un habit, deux pantalons, quatre gilets, sans que vous lui donniez la vôtre que vous le payerez aussitôt leur confection. Notez que, si par hasard il va chez vous, ce ne sera que pour vous demander si vous voulez qu'il vous fasse une polonaise ou un manteau, au même prix.

Vous vous chausserez chez Sakoski. Il chausse tous les fashionables et M. le ministre des finances; jugez s'il hésitera à vous prendre mesure et à vous ouvrir un compte courant sur son grand-livre.

Quant à votre linge, vous vous fournirez chez la lingère de la Cour; mieux que personne elle connaît les avantages du crédit, et lorsqu'on en fait, un de plus ou un de moins n'occasionne que peu de frais de différence; quand même vous vous perdrez facilement dans la foule des consommateurs de ce genre.

Tels sont les producteurs que vous devrez rechercher; parce que ce sont là les seuls que vous pourrez payer sans débourser un sou, attendu que de belles paroles pour eux équivalent à de l'argent comptant.

N'allez pas croire qu'un consommateur tel que celui dont je veux parler, pour pouvoir payer les dettes que lui feront contracter ses consommations journalières, soit forcé de se courber tristement sur le métier d'une manufacture, ou débarquer quotidiennement des marchandises sur les ports Saint-Paul ou Saint-Nicolas. Il n'ira pas, par une chaleur du mois de juillet, rentrer ses récoltes, ou au cœur de l'hiver accélérer des semences; il ne se creusera pas la tête pour améliorer les produits divers que nous offrent généreusement toutes les bêtes à cornes ou sans cornes qui sont en France et autres lieux. Il ne passera pas son temps à enrichir d'un schall, d'un fourneau économique ou d'un rasoir à l'épreuve, l'exposition de nos produits; il n'emploiera même pas la journée à reproduire sur une toile que sa main saura rendre vivante, les traits d'un des défenseurs de nos libertés, ou la nature prise sur le fait, soit dans les bois de Meudon ou dans celui de Montmorency; il ne passera pas sa soirée à accompagner, de son violon, de sa basse, de sa flûte ou de son cor, les artistes de nos royaux théâtres qui chantent faux ou ne dansent pas en mesure. Enfin, il n'usera pas les trois quarts de sa vie, *rue de Rivoli*, à additionner de longs bordereaux; il ne fera rien de tout cela; mais, parce qu'il ne plantera pas, ne fabriquera pas, ne peindra pas, ne fera pas de musique et n'additionnera pas, ce serait une erreur de croire qu'il ne travaillera pas, qu'il ne produira pas, qu'il ne consommera pas et qu'il ne payera pas, mais toujours à la manière de mon oncle.

Voici au surplus, pour arriver au résultat désirable par tous les consommateurs pour lesquels il a rassemblé les matériaux de son ouvrage, la conduite et le genre de vie qu'ils devront tenir et suivre, et le tableau des *biens* générauxqu'ils opèreront par sa méthode:

1° Le consommateur quel qu'il soit, ne se lèvera pas avant 10 heures, et par cette heureuse indolence il diminuera l'encombrement des commis, blanchisseuses, commissionnaires, cabriolets, oisifs, etc., etc., qui obstruent chaque matin les rues les plus fréquentées, et par conséquent les plus sales de notre belle capitale. Premier bien.

2° Il donnera audience à tous ses créanciers indistinctement de 10 à 11 heures, les écoutera et mettra en pratique les préceptes enseignés dans ce manuel.

Pendant ce temps les créanciers qui feront chez lui antichambre en attendant son lever, ne seront pas chez d'autres consommateurs également débiteurs, et cet avantage retombera sur la masse. Second bien.

3° Il recevra tous ses fournisseurs de onze heures à midi, gardera par devers lui ce que les uns lui apporteront, commandera quelque chose de nouveau à ceux qui n'auraient rien apporté.

De cette manière il les tiendra en haleine, augmentera son crédit, et poussera à la consommation; troisième bien.

4° Il s'habillera de midi à une heure, entendra sa cravate comme un ange, au moyen de ma théorie raisonnée de cette importante partie de notre habillement.

Il poussera ainsi au débit de cet ouvrage, chez le libraire, et à l'écoulement des mousselines, du jaconin, de la perkale et de la batiste de nos manufactures; quatrième bien.

5° A deux heures il ira déjeûner au café du Perron, où, par la délicatesse du choix qu'il fera sur la carte, il provoquera encore à la consommation en mettant à la mode les *œufs en coquille* et les *omelettes à l'oseille*, qu'il mangera avec une grâce contagieuse pour tous ceux qui, sans connaître ces mets, auront envie d'en manger.

Suivant son système, il ne payera pas son déjeûner, mais il en fera consommer vingt par des habitués qui ne prennent ordinairement qu'une tasse de café sans beurre, et qui insensiblement se laisseront aller au déjeûner à la fourchette, entraînés par son exemple. Le maître du café sera très-content des vingt déjeûners payés, et très-satisfait du consommateur qui lui aura ainsi payé le sien, quoique sans argent: cinquième bien.

6° Il ira aux Tuileries attendre nonchalamment l'heure du dîner; les deux ou trois chaises dont il se servira, sans les payer, pour étendre sa paresse, seront très-fructueuses à la loueuse qui en a l'entreprise. Par la manière dont il sera assis, il invitera les promeneurs au repos. En un instant toutes les chaises seront occupées et payées, la loueuse fera recette, et le remerciera; sixième bien.

7° Une beauté suspecte ou non, soupirant dans une contre-allée après l'espoir d'un dîner, viendra à passer près de lui; il s'extasiera sur sa taille, sa démarche et *son genre* qu'il trouvera *bon*; un Anglais qui ne s'y connaîtra pas fera la même remarque et se détachera pour lui offrir son bras, un dîner et sa bourse qui seront acceptés.

Il aura répandu le numéraire de l'Anglais dans le commerce de France. Septième bien.

8° A six heures, il emmènera quelques amis dont il ne sait pas le nom dîner chez son restaurateur d'habitude. Il le met en vogue d'un seul mot. Garçon! *des huîtres vertes*, de la *tisane de Champagne frappée*, des *perdrix aux truffes*, etc., etc. Il mangera comme quatre, boira comme six pendant deux heures.... Quel fécond résultat n'aura pas sa digestion après que les amis auront payé leurs cartes. Le restaurateur sera enchanté en se décidant bien à ne jamais demander un sou à un si précieux consommateur. Les huîtres qu'il aura fait enlever de chez les factrices de la *rue Montorgueil* feront faire queue, le lendemain, chez elles pour en avoir; les marchands de vins de Reims et d'Épernay ne pourront suffire aux demandes de *tisane* qui leur seront adressées de toutes parts. La population du Périgord, si occupée à la recherche de la truffe, redoublera d'activité; la Vallée se garnira comme aux approches des élections; le marché de Poissy sera mieux fourni; la chandelle diminuera, la bougie augmentera et les taneurs n'attendront plus après la peau des bêtes, pour faire des cuirs..... Huitième bien. Mais que de biens en un seul! C'est parce qu'il est opéré par un individu qui a étudié à fond toutes les théories de mon oncle et qui sait parfaitement les mettre en pratique.

HUITIÈME LEÇON

De la Contrainte par Corps.

Réflexions morales et philosophiques.—Trois petits pâtés ma chemise brûle!
—*Sainte-Foix et mon Oncle.*—Histoire de la Contrainte par corps, *depuis son origine jusqu'à nos jours.*—*Causes pour lesquelles on peut être* appréhendé au corps.—*Anecdotes.*—*Avertissement.*

L'emprisonnement pour dettes est, selon mon oncle, une suite nécessaire des progrès de la civilisation. En France, sous les deux premières races et même au commencement de la troisième, le créancier n'avait de prise que sur les biens immeubles de son débiteur. Le président Hénault cite en preuve Bouchard le Barbu de Montmorency, lequel faisait la chasse au moine de Saint-Denis, dans son *île Saint-Denis*, comme on fait la chasse aux sangliers et autres gibiers de la même espèce. Or, cet honnête *consommateur* devait une somme considérable à Adam, abbé de Saint-Denis. «On ne l'arrêta pas, dit l'abbé Suger, parce qu'alors ce n'était pas l'usage; mais on alla par ordre du bon roi Robert ravager ses terres, jusqu'à ce qu'il eût payé.»

Dans ces temps de barbarie, la loi frappait de ridicule celui qui contractait des dettes qu'il ne pouvait payer. Les choses ont bien changé depuis!

La cession de biens à laquelle un débiteur se voyait contraint, était accompagnée d'une singulière cérémonie. Le débiteur, gentilhomme ou roturier, était obligé de frapper trois fois sur la terre avec son derrière (*Nudis clunibus*), en criant: *Je cède mes biens!* Sainte-Foix prétend que l'on voit encore à Padoue la pierre de blâme (*Lapis vituperii*), où s'infligeait cette punition.

Je ne serais pas éloigné de croire que c'est là l'origine d'une pénitence toute semblable que l'on s'impose *aux petits jeux innocents*, à celui qui ne peut payer autrement sa dette du *gage touché*. Je ne sais s'il faut, sur la seule autorité de l'auteur des *Essais sur Paris*, admettre comme prouvé, qu'antérieurement au règne de Louis-le-jeune, on pouvait se dispenser de payer ses dettes en se battant avec ses créanciers; en pareil cas, Sainte-Foix était homme à confondre son histoire particulière avec celle des mœurs de nos ancêtres. Comme il payait fort mal et se battait souvent, il était intéressé à faire croire que l'un pouvait aller pour l'autre: quand même il était l'ami intime avec mon oncle. Je reviens à mon sujet, que je vais traiter avec tout le sérieux dont il est digne.

On appelle *contrainte par corps*, un acte signé, enregistré et émané d'un tribunal quelconque, mais cependant compétent; qui se prend tantôt pour un jugement, l'ordonnance ou la commission; qui permet à un créancier de faire incarcérer son débiteur en matière civile, tantôt pour le droit que le créancier a d'user de cette voie contre son débiteur, tantôt enfin pour l'arrêt et emprisonnement qui est fait en conséquence de la personne du débiteur; *Potestas cogendi alicujus ad faciendum aliquid per sententiam judiciis data.*

Il n'était pas permis chez les Égyptiens de s'obliger par corps; Boccoris en a fait une loi que Sésostris renouvela. Les Grecs au contraire, permettaient d'abord l'obligation par la *contrainte par corps*; c'est pourquoi Diodore dit qu'ils étaient blâmables, tandis qu'ils défendaient de prendre en gage les armes et la charrue d'un homme, de permettre de prendre l'homme même; aussi Solon ordonna-t-il à Athènes qu'on n'obligerait plus le corps pour dettes, loi qu'il tira de celles de l'Égypte.

La *contrainte par corps* avait lieu chez les Romains contre ceux qui s'y étaient soumis ou qui y étaient condamnés pour stellionat ou dol; mais si le débiteur faisait cession, on ne pouvait plus l'emprisonner; on ne pouvait pas non plus arrêter les femmes pour dettes civiles, n'auraient-elles pas payé leurs impositions, soit de portes et fenêtres, soit personnelles, soit locatives, soit mobilières ou immobilières, directes ou indirectes; car il y avait autrefois à Rome de toutes ces jolies choses, comme aujourd'hui à Paris, avec cette différence que le nom était différent, que l'on ne payait pas si cher et qu'on n'inquiétait même pas les citoyennes Romaines pour de pareilles bagatelles; à Paris, au contraire, on arrête tout le monde, de quelque genre et de quelque sexe que l'on soit: masculin, féminin et même neutre, cela ne fait rien à l'affaire.

En France autrefois il était permis de stipuler la contrainte par corps dans toutes sortes d'actes; elle avait lieu de plein droit pour dettes fiscales, et il y avait aussi certain cas où elle pouvait être prononcée par le juge, quoiqu'elle n'eût pas été stipulée.

L'édit du mois de février 1535, concernant la conservation de la ville de Lyon, ordonne que les sentences de ce tribunal seront exécutées par *prise de corps et de biens* dans tout le royaume, sans *visa* ni *pareatis*, ce qui s'observe encore aujourd'hui.

Charles IX en établissant la juridiction consulaire de Paris par son édit de 1563, ordonna que les sentences des consuls, provisoires ou définitives, qui n'excéderaient pas la somme de 500 liv. tournois, seraient exécutées *par corps*.

La contrainte par corps n'avait point encore lieu pour l'exécution des autres condamnations; mais par l'ordonnance de Moulins, art. 48, il fut dit: «Que pour faire cesser les subterfuges, délais et tergiversations des débiteurs, tous jugemens et condamnations de sommes pécuniaires pour quelque chose que ce fût, seraient promptement exécutés par toutes contraintes et cumulations d'icelles, jusqu'à l'entier paiement et satisfaction; que si les condamnés n'y satisfaisaient pas dans les quatre mois après la condamnation à eux signifiée, à personne ou domicile, ils pourraient être *pris au corps* et tenus prisonniers jusqu'à la cession, et abandonnement de leurs biens, et que si le débiteur ne pouvait pas être pris ou que le créancier le demandât, il serait procédé par le juge pour la contumace du condamné, au doublement et tiercement des sommes déjà adjugées.»

Les prêtres ne pouvaient cependant être contraints par corps en vertu de cette ordonnance, ainsi que cela fut déclaré par l'*art. 57 de l'ordonnance de Blois*.

L'usage des contraintes par corps après les quatre mois, qui avait été établi par l'ordonnance de Moulins, a été abrogé pour les dettes purement civiles par l'ordonnance de 1667, *tit. 34, art.* 1er, qui défend aux cours et à tous les juges de les ordonner, à peine de nullité, et à tous huissiers ou recors de les exécuter à peine de dépens, dommages et intérêts.

Pour obtenir la contrainte par corps après tous les cas prévus par le code, le créancier doit primitivement faire signifier le jugement à la personne ou domicile de la partie, distribuer avec commandement de payer, et déclaration qu'elle y sera *contrainte par corps*, après les délais soufferts par la loi.

Ces délais expirés, et à compter du jour de la signification, le créancier lève au greffe un jugement portant que dans la quinzaine, la partie sera *contrainte par corps*, et il fait signifier, au moyen de quoi la quinzaine étant expirée, la contrainte par corps peut être exécutée sans autres procédures; il faut seulement observer que toutes les significations dont on a parlé doivent être faites avec toutes les formalités ordonnées pour les ajournemens.

Si le débiteur appelle de la sentence, s'oppose à l'exécution de l'arrêt ou jugement portant condamnation *par corps*, la contrainte doit être sursise jusqu'à ce que l'appel ou l'opposition ait été jugé; mais si avant la signification de l'appel ou opposition, les huissiers ou gardes de commerce, s'étaient saisis de la personne du condamné, il ne serait pas sursis à la contrainte; c'est-à-dire qu'il n'aurait plus droit à mettre opposition.

Les poursuites et contraintes par corps n'empêchent pas les saisies, exécutions et ventes des biens, meubles ou immeubles de ceux qui sont condamnés.

Quoi qu'il en soit, la dernière loi sur la contrainte par corps (celle du 15 germinal an VI), n'a établi aucune différence entre le véritable négociant patenté, et celui qui, sans être commerçant, fait un acte de commerce. Je veux parler des consommateurs de toutes classes auxquels le tribunal de commerce fait l'honneur de les qualifier du titre de *négocians*.

Il suffit d'avoir signé une lettre de change en bonne forme, pour être réputé *négociant*, et devenir justiciable du tribunal de commerce. Si la lettre de change n'est pas acquittée à l'échéance, ce tribunal ne manque jamais de décerner *la contrainte par corps*, et il est tellement expéditif qu'il rend, dit-on, années communes, environ dix-huit mille jugemens de cette nature.

Mon oncle croit qu'on ferait très-bien d'abolir la *contrainte par corps*, ou de la réserver seulement pour les créanciers. Ce sont en général des prêteurs sur gage, des intrigans, des usuriers, de ces misérables entremetteurs d'affaires qui se décorent du titre de *producteur*, qui exploitent à leur profit la contrainte par corps. Son abolition ferait disparaître une foule de piéges tendus sous les pas des jeunes consommateurs passionnés et sans expérience, qui risquent souvent leur avenir pour un moment d'ivresse et de dissipation, et qui par malheur ont la manie de donner des à comptes à leurs créanciers: ce serait donc un avantage réel pour la morale publique et la consommation habituelle.

Il est prouvé que la contrainte par corps favorise les mauvaises mœurs de plus d'une manière. Mon oncle a connu une femme sensible, aujourd'hui duchesse, qui se trouvant jadis gênée par la présence d'un mari d'humeur jalouse, apprend qu'il a souscrit une lettre de change, que l'état de ses affaires ne lui permet pas de payer au jour de l'échéance; elle fait aussitôt acheter sous main la fatale créance, et retient son époux sous les verroux de Sainte-Pélagie pendant cinq ans. Cet honnête homme n'apprit que dans la suite de quelle manœuvre il avait été victime, sa tendre épouse venant quelquefois pleurer avec lui d'une séparation aussi cruelle, et se consoler avec son crésus de son infortune conjugale.

Mon oncle m'a également assuré qu'un pareil moyen avait été employé pour éviter les importunités d'un amant qui avait pris au pied de la lettre des protestations d'une éternelle fidélité.

La durée de la détention est de cinq ans pour un Français: ce terme expiré, il est libre, et ses créanciers perdent sur lui le *recours par corps*; quant aux étrangers, la durée de leur détention est illimitée.

L'âge, quelqu'avancé qu'il soit, n'exempte point de la *contrainte par corps*. On a vu des vieillards de quatre-vingt-dix ans détenus à Sainte-Pélagie, pour dettes. Avis aux consommateurs de tout âge!........

NEUVIÈME LEÇON

Des Huissiers.

Qu'est-ce qu'un Huissier.—Des Huissiers Grecs et Romains.—Des Sergens.—Droits et prérogatives d'iceux.—Petites anecdotes qui démontrent les avantages attachés à la charge d'Huissier ou de Sergent.—Refuges et inviolabilité.—Conséquences.

> «Hé! ne devrait-on pas à des signes certains,
> Reconnaître le cœur des perfides humains!»

C'est ce que Racine nous souhaite dans ces deux vers relativement à la *reconnaissance* des huissiers. Car tant que le soleil est sur l'horizon, tremblez malheureux consommateurs qui vivez sans principes, ou plutôt qui n'en avez pas du tout; à la faveur de l'astre éclatant, bien que *le soleil luise pour tout le monde*, les huissiers ont droit de vous arrêter ou de vous faire arrêter, ce qui est à peu près la même chose, excepté cependant les dimanches et fêtes chômées par l'église.

Mais, me direz-vous, qu'est-ce dont qu'un huissier?..... Je vais vous le dire.

Un huissier est une espèce de ministre de la justice, habillé comme vous et moi, qui fait tous les exploits nécessaires pour contraindre les parties tant au jugement qu'à l'exécution de toutes commissions, droits et ordonnances émanés de juges légaux.

Les huissiers ont été ainsi nommés parce que ce sont eux qui gardent l'*huis* ou porte du tribunal. Le principal objet de cette fonction est de tenir la porte close lorsque l'on délibère au tribunal, et d'empêcher qu'aucun étranger n'y entre sans permission du président, d'empêcher même que l'on écoute auprès du lieu où se tient la délibération, qui doit être tenue secrète; de faire entrer ceux qui sont mandés au tribunal; d'en expulser ceux qui troublent les séances, en un mot, d'agir en tout selon la volonté du président.

Chez les Romains, ceux qui faisaient les fonctions d'huissiers étaient appelés *apparitores, cohortales, executores, hatores, cornicularii, officiales*. Ils remplissaient en même temps les fonctions de ce qu'on appelait encore, avant la révolution, des *sergens*.

En France, on les appela des *serviantes*, d'où l'on a fait *sergens*. On les appelait encore, aux XIIIe, XIVe, XVe et XVIe siècles, des *bedels* ou *bedeaux*, ce qui, dans cette occasion, signifiait *semonceurs publics*.

En 1317, ceux qui faisaient le service au parlement étaient appelés *vateli curiæ*; mais dans une lettre du 2 janvier 1365, le roi les appela *nos amés varlets*. Au reste, on sait que le terme de *varlet* ne signifiait pas comme aujourd'hui *valet*, des fonctions viles et abjectes, puisque les plus puissans vassaux, tels que les comtes, les ducs et les barons se qualifiaient eux-mêmes du titre de *premier varlet du roi*, quoiqu'ils fussent bien loin de se considérer comme *très-humbles serviteurs* de Sa Majesté. Du reste, les places d'*huissiers au parlement* étaient regardées comme *des charges*, et s'achetaient à cause des gages et des émolumens qui étaient attachés à cette place.

Le nom d'*huissier* fut donc donné à ceux qui étaient chargés de la garde des portes des tribunaux. On en trouve un exemple pour ceux du parlement, dans un mandement de l'archevêque de Paris, en 1388, adressé: *primo parlementi nostri hostiario seu servienti nostro*.

Plus tard, la plupart des sergens (que l'on appelait aussi avant la révolution des *pousse-culs*), ambitionnèrent le titre d'*huissier*, quoiqu'ils ne fissent nullement de service auprès des juges ni des tribunaux; de sorte que les premiers furent appelés *huissiers audienciers*, pour les distinguer des autres *huissiers*, qui, dans le fait, n'étaient de droit que des sergens ou pousse-culs.

Il était défendu aux huissiers, même du parlement, de se qualifier de *maître*; ce titre n'était alors réservé qu'aux magistrats; mais depuis que ceux-ci se sont fait appeler *monsieur, monseigneur, sa grâce, sa seigneurie*, les *huissiers* se sont attribué le titre de *maître*.

Ils doivent marcher devant les membres du tribunal assemblés, afin de leur faire porter honneur et respect, et empêcher qu'on ne les arrête dans leur passage; faire faire silence au commencement de l'audience, et frapper de leur baguette pour faire tenir le public en repos et à sa place.

C'est un huissier qui appelle les causes à l'audience, d'après le rôle qui lui est remis. Il doit toujours être couvert en remplissant ses fonctions. Les anciennes ordonnances leur défendaient, sous peine de blâme et d'amende, de ne rien prendre, recevoir, accepter ni exiger des parties pour appeler leurs causes; mais on sait qu'en France les vieilles ordonnances sont à-peu-près comme de nouvelles que je pourrais citer, tombées tout-à-fait en désuétude.

Ce sont les huissiers qui donnent les assignations et ajournemens, qui procèdent aux publications de ventes de meubles, qui exécutent (à la diligence de M. le procureur du roi) les décrets rendus en matières criminelles, qui font les procès-verbaux de perquisitions, les emprisonnemens, les saisies et annotations de biens. En cas de résistance ou de rébellion, ils peuvent appeler à leur secours la force armée et les habitans des lieux, qui sont tenus, arbitrairement, à leur prêter appui, secours et assistance, dans le ressort duquel ils exploitent.

François Ier ayant appris qu'un de ses huissiers avait reçu des coups de bâton, se mit un bras en écharpe, voulant marquer par-là qu'il regardait ce traitement fait à son huissier comme l'ayant reçu lui-même, et que la justice, dont il se regardait comme le premier organe, était blessée en sa personne.

L'édit d'Amboise, les ordonnances de Moulins et de Blois défendent, sous peine de mort et sans aucune espèce de grâce, d'outrager ou excéder des huissiers ou sergens lorsqu'ils font quelques exploits de justice.

Jourdain-de-Lille, fameux par ses brigandages sous Charles IV, fut pendu en 1322, pour avoir éventré un huissier qui l'ajournait au parlement.

Édouard, comte de Beaujeu, fut décrété de prise de corps et emprisonné à la Conciergerie, pour avoir fait jeter par la fenêtre un huissier qui lui vint signifier un décret.

Le prince de Galles, en 1367, ayant empêché un huissier qui venait pour l'ajourner de faire son ministère, fut déclaré contumax et rebelle par le parlement, et les terres qu'il tenait en Aquitaine furent confisquées.

Anciennement un huissier assignait verbalement les parties, et ensuite en faisait son rapport au juge du lieu en ces termes: *A vous, Monseigneur le Bailly........ mon très-douté ou redouté Maître...... plaise vous savoir que le....... j'ai intimé....... à comparoître,* etc., etc. Ce rapport s'appelait *relatio*. L'huissier ne signifiait pas, il mettait seulement son sceau, parce que la plupart ne savaient ni lire ni écrire; mais maintenant tous les huissiers sont forcés, par les nouvelles ordonnances, et obligés de savoir au moins lire et écrire: tous s'y conforment maintenant.

Ils peuvent porter sur eux des armes offensives et défensives, pour la sûreté de leur personne, et se faire assister d'une force civile ou militaire.

Vous ne sauriez donc trop étudier les abris que vous indique mon oncle par ma voix, et ceux que vous présentent les articles du Code, qui disent en beaucoup de mots ce que je vais vous dire en très-peu d'articles:

1° Vous ne pouvez pas être arrêté par eux pour une somme moindre de 100 fr.; ainsi donc, si vous avez la faiblesse de souscrire un ou plusieurs engagemens, ne les faites jamais de plus de 99 fr. 99 cent., et d'après cette latitude vous pouvez doubler, tripler, quadrupler la masse de vos engagemens.

2° Vous ne pouvez être arrêté ni avant ni après le coucher du soleil; de cette façon la lune devient votre protectrice. Invoquez-la donc, ô vous consommateurs romantiques!

3° Vous ne pouvez être arrêté dans les édifices consacrés au culte, mais seulement *pendant le service divin*. Belle occasion pour se remettre au courant du répertoire..... profitez-en en ne manquant pas un office.

4° Les résidences royales sont également inviolables pour vous, telles que le Jardin des Plantes, le Louvre, les Tuileries, le Luxembourg, le Palais Royal (le jardin seulement, les galeries exceptées).

5° Chez soi, tant qu'on n'en sort pas; pourvu que ce ne soit pas en hôtel garni, et que vous n'ayez donné votre adresse à qui que ce soit.

6° Enfin dans les lieux où se tiennent les séances des autorités qui forment un des principaux corps de l'État; mais il faut qu'il y ait *tenue de séance*. Allez donc à la Chambre des députés entendre discuter les honorables défenseurs de nos libertés avec lesquelles la vôtre n'a rien de commun.

Tels sont les refuges que vous a réservés le Code contre les poursuites des huissiers. Hors de là, vous courrez le risque à chaque pas d'être appelé, saisi par le bras, si vous n'avez pas de jambes, et conduit au lieu dont le nom va vous sauter aux yeux à la page suivante....... Voilà!

DIXIÈME ET DERNIÈRE LEÇON

Sainte-Pélagie.

Aveu tardif.—Itinéraire.—Connaissance des lieux.—Portraits divers.—Nouveau régime à suivre.—Les Visiteurs.—Consolations.— Dernières réflexions.

Malheureux consommateurs, c'est en vain que mon oncle a cherché à vous le dissimuler; mais moi je vous l'avoue, vous courez toujours le risque de finir par-là.

Dès qu'un débiteur est en prison, s'il ne peut pas payer et que son créancier soit devenu son ennemi, ainsi que cela arrive presque toujours, il faut qu'il se résigne à y passer cinq mortelles années; les seules chances qui lui restent, pour en sortir sans les secours du Comité de Bienfaisance ou l'oubli de la part du *producteur* de verser d'avance le montant des alimens auquel a droit le *consommateur*. Dans ce cas, une heure de retard lui rend la liberté. Mais en attendant il n'en faut pas moins aller en prison, et je vais me charger du soin de vous en montrer le chemin; car mon oncle ne s'étant jamais mis dans le cas de le parcourir, serait fort embarrassé pour vous l'indiquer lui-même.

Apercevez-vous dans cette ruelle presque déserte, qu'on nomme la *rue de la Clef* (que l'on prononce *clé*, même devant une voyelle, à ce que nous apprend le Dictionnaire de l'Académie), ce grand bâtiment entouré de hautes murailles, de bornes enchaînées, et dont la façade semble n'être qu'à moitié sortie des antres de la terre? Voyez-vous ce corps-de-garde, cette guérite et ce factionnaire? Distinguez-vous cette porte, haute de quatre pieds, avec un judas de huit pouces carrés? Frappez deux coups, baissez la tête et courbez-vous de manière à ce que vos jambes et votre corps ne fassent qu'un angle droit... On vous a ouvert, vous pouvez entrer!....

Maintenant vous voilà dans cet ancien couvent (réparé et mis à neuf aujourd'hui) qui servait d'asile à des nonnes timides, et qui sert aujourd'hui de prison aux consommateurs de toutes classes qui, ne connaissant pas la méthode de mon oncle, ont pour payer leurs dettes souscrit une ou plusieurs lettres de change qu'ils n'ont pas acquittées, ou bien encore à des gens distraits qui ont contracté l'habitude de prendre dans la poche de leurs voisins ce qu'ils ont probablement oublié de mettre dans la leur.

Ce seuil que vous venez de franchir vous a séparé du séjour des *allans* et *venans*; au milieu de Paris, vous êtes presque dans l'autre monde.

Ce grand Cerbère de six pieds deux pouces, cette espèce d'homme gris dont la main qui ferait envie au plus brave des claqueurs de nos théâtres royaux, semble être identifiée avec cette clé énorme qu'on prendrait pour la masse d'armes d'un évêque du XIIe siècle, a deviné que vous étiez un *consommateur* qui veniez de passer bail avec un des *producteurs* ordinaires de l'endroit. Dès ce moment votre signalement est gravé dans sa mémoire, et ce n'est qu'après cinq ans révolus qu'il lui est permis de vous effacer de son souvenir.

Nouvel Hartentirkof, il est incorruptible; rien ne l'émeut, rien ne saurait l'attendrir. Il ouvre et ferme la susdite porte avec la même impassibilité, tant à l'infortune qu'à la beauté qui va la consoler quelquefois. Jamais il ne sourit, si ce n'est lorsqu'il voit passer sous ses yeux un panier de Chambertin ou de Mercuray. Ah! s'il pouvait le confisquer à son profit!......... mais je ne dois pas m'arrêter avec vous aux bagatelles de la porte, et vais vous conduire tout droit au greffe.

Il est placé à l'extrémité droite du petit corridor où vous êtes; vous vous présentez à un modeste employé, à cheveux blancs et culotte courte, assez bon enfant, mais à califourchon sur les ordonnances émanées de M. le Préfet de police: vous voilà enregistré, et dès ce moment vous pouvez vous considérer comme un des commensaux de l'établissement.

Cependant lorsque le *consommateur* locataire a des principes, les convenances exigent qu'avant de passer outre, il fasse une courte visite au maître de la maison. Il se tient ordinairement dans une pièce de fond voisine, avec deux greffiers qui lui servent d'aides-de-camp. Vous serez étonné de l'amabilité de ses formes, de la politesse de ses manières; c'est le type de M. Jovial. Quoique ne vivant qu'entouré de chiens, de gardiens et de tristes murailles, qu'il sache l'argot mieux que l'auteur qui vient de publier un ouvrage important sur cette langue mère des voleurs et escrocs, échappés des bagnes, et autres fashionables de la même trempe, comme l'auteur du dictionnaire dont nous parlons, M. le greffier-concierge de Sainte-Pélagie (car tel est son titre officiel) ne s'en exprime pas moins d'une manière très distinguée, ce qui prouve que Sainte-Pélagie ne renferme pas que des gens mal élevés. Vous ferez bien de faire sa connaissance, d'autant plus qu'il est souverain absolu dans l'intérieur du gouvernement qui lui est confié, et que ses actes et jugemens sont sans appel.

Après avoir rendu vos hommages respectueux au maître de la maison, vous revenez tant soit peu sur vos pas, afin de traverser le chemin de ronde et pénétrer dans l'hôtel; vous vous trouvez en face de deux portes. Celle de droite est la porte qui aboutit à la détention pour opinion politique ou opinion de poche; ce n'est pas celle-là, mais c'est celle qui est à gauche, et qui aboutit à la dette. Vous frappez, on vous ouvre; vous exhibez votre écrou et cette fois-ci vous êtes dedans.

Un député[15] a dit à la tribune nationale que le sort des détenus pour dettes n'était pas aussi à plaindre qu'on le publiait, puisqu'ils donnaient tous les jours des fêtes et des dîners. Cette assertion peut avoir quelque chose de vrai, quoique manquant entièrement de générosité de la part de celui qui l'avait émise. Je sais qu'on trouve à Sainte-Pélagie quelques consommateurs aisés qui cherchent à s'étourdir à table avec d'autres consommateurs leurs amis qui viennent les voir; mais la masse des dettiers est dans la plus grande misère, et plusieurs périraient sans le secours de leurs compagnons d'infortune.

Ce que je dis là est exact, et plus d'un de mes lecteurs seraient à même d'en juger bientôt, s'ils n'avaient déjà mis en pratique les théories variées, enseignées par mon oncle.

La loi oblige le créancier *incarcérateur* à avancer au débiteur incarcéré, une somme de 20 fr. par mois; sur cette avance le consommateur doit d'abord payer le loyer de son lit et de son ameublement; quelque modeste qu'il soit, il lui coûte la moitié de ce qu'il reçoit par mois (10 fr., c'est prix fait comme pour les petits pâtés); il lui reste donc 10 fr. pour se nourrir; or, 10 fr. ou 1,000 cent. à partager en trente jours (terme moyen), font bien 33 cent. 2/3 par jour ou 6 sols et deux liards à-peu-près, avec lesquels il est tenu de faire deux repas par jour; reste 10 cent. par mois ou 24 sols par an pour s'habiller, se blanchir, se chauffer, jouer, lire, donner des étrennes, etc., etc. Certes ce n'est pas trop, et je doute qu'un économiste, serait-il de la même trempe que celle dont était mon oncle sur la fin de sa carrière, pût jamais faire honneur à ses affaires sans même payer ses dettes, avec un semblable revenu.

M. le ministre de l'intérieur vient, il est vrai, au secours des dettiers *pauvres*, en leur faisant distribuer ce qu'on appelle *la pitence*, c'est-à-dire, une écuelle de bouillon maigre et quelques légumes secs, remplacés les jeudis, dimanches et fêtes chômées, par un bouillon appelé *gras* et une petite portion de vache à laquelle on est convenu d'appliquer la qualification masculine. Lorsque le consommateur pauvre a une famille, et que cette famille se trouve dans l'abandon, il faut encore qu'il partage le peu qu'on lui donne avec sa femme et ses enfans.

Quel tableau que celui d'un malheureux privé de sa liberté, qui n'a devant lui, le jour de Pâque ou de Noël, que la *pitence*, et qui voit arriver sa femme et ses enfans affamés!.... Mon oncle, qui n'a jamais connu ses enfans, parce qu'on ne lui a jamais connu de femme, bien qu'il n'ait mis de sa vie le pied à Sainte-Pélagie, par superstition, n'en a pas moins laissé un tableau frappant des misères qui s'y engendrent, tout en raisonnant par analogie.

Cependant, il faut le dire, cet état de souffrance n'est pas tout-à-fait général: les consommateurs dettiers trouvent à Sainte-Pélagie une table d'hôte et trois ou quatre restaurans, fréquentés par la classe aisée, et qui (chose étonnante), ne font pas moins de crédit que les restaurateurs les plus aisés de la capitale. Ceci vient sans doute à l'appui de l'assertion de mon oncle: «quiconque ne fait pas de crédit doit infailliblement faire banqueroute.» Quant à moi, il me semble que s'il est au monde un restaurateur qui ne doive pas faire de crédit, ce doit être celui de Sainte-Pélagie. Eh bien c'est tout le contraire!

On trouve encore dans cette douce retraite des cafés-tabagies, un billard, un cercle où l'on joue à la bouillotte et à l'écarté, et un cabinet de lecture où on lit tous les journaux, excepté le *Moniteur*, la *Gazette de France*, la *Quotidienne*; on ne lisait pas davantage le *Journal de Paris*, l'*Étoile* et le *Pilote*, lorsqu'ils étaient encore de ce monde.

L'intérieur de Sainte-Pélagie ressemble à un caravansérail, reçoit des hommes de tous les pays et de toutes les professions. On y compte toujours vingt officiers, parmi lesquels se trouvent une demi-douzaine de colonels et un lieutenant-général; les marquis, les comtes, les barons et les chevaliers s'y trouvent toujours en grand nombre; on y voit même de temps en temps des abbés; le reste de la population se compose d'hommes de lettres, de musiciens, de peintres, d'ouvriers, de restaurateurs, de porteurs d'eau, de tailleurs et de voleurs de toutes les classes; ce qui est le plus rare à Sainte-Pélagie, c'est un négociant ou un gendarme.

Comme il y entre journellement de soixante-quinze à cent cinquante *visiteurs* par jour (terme moyen cent), et que ces *visiteurs* ne viennent pas pour être à la charge des consommateurs dettiers, les restaurateurs et les cafetiers dégustent quelque chose. Sans ces puissans auxiliaires étrangers, il est probable que la plupart de ces établissemens ne pourraient tenir long-temps; car en général les consommateurs à postes fixes consomment peu et ne payent pas du tout; aussi les restaurateurs et les cafés n'y sont-ils pas fameux. Les habitués semblent posséder toutes les pratiques enseignées par mon oncle, sans en pratiquer la théorie raisonnée. C'est un grand service que rendra son ouvrage à ceux qui ne sont pas encore allés à Sainte-Pélagie et à ceux qui en sont sortis.

Lorsque l'on veut aller visiter un malheureux consommateur *dettier* à Sainte-Pélagie, il ne suffit pas de se présenter à la préfecture de police et d'y demander *une permission*; il faut préalablement se munir d'une autorisation par écrit émanée du dettier que l'on veut voir; ce n'est que sur cette autorisation, dûment visée au greffe de l'établissement, par le respectable employé dont j'ai parlé au commencement de cette leçon, que MM. de la préfecture de police délivrent ladite permission.

Cette mesure qui paraîtra au premier abord une entrave à la liberté de ceux qui sont en prison, est non-seulement nécessaire, mais encore toute philantropique. Sans elle, les malheureux *consommateurs* débiteurs seraient journellement harcelés par leurs créanciers *producteurs*, quoique les premiers fussent sous les verrous. Ce mode de communication établi laisse aussi au détenu la faculté de ne recevoir dans sa prison que les individus qui peuvent adoucir l'ennui de sa captivité: quant aux créanciers, ils n'ont d'autres moyens de voir leurs débiteurs, qu'en les faisant appeler au greffe où ils sont même libres de ne point se rendre, s'ils soupçonnent que celui qui vient les tracasser ne voudra, en aucune façon, entrer en arrangement en suivant la méthode du professeur.

Au surplus, il n'existe à Sainte-Pélagie comme dans la vie, que deux grandes époques: l'entrée et la sortie. Les premiers jours de l'une, comme les premières années de l'autre, paraissent interminables; mais lorsque vous êtes arrivés à une certaine période, ils se précipitent avec une vitesse extrême. La dernière semaine de la prison, comme la dernière saison de la vie, s'écoule rapidement et ne laisse dans la mémoire que des traces fugitives; alors on ne compte pas plus les jours que le vieillard ne compte les années.... Je voudrais qu'on m'expliquât clairement ce phénomène.

Il est prouvé d'ailleurs que les grands espaces nuisent au bonheur: en toutes choses on a besoin de voir et de sentir des limites. Milton ne travaillait à son Éden que dans une cave; Rousseau écrivit ses plus belles pages dans un grenier; Cervantes fit son chef-d'œuvre dans un cachot, et mon oncle composa ce savant traité à l'hôpital. Mais que sont Milton, Rousseau, Cervantes et une quantité d'autres, que je pourrais facilement nommer, en comparaison de mon oncle.... Tous ces grands génies n'eurent jamais un sou de dettes!

CONCLUSION

Morale

QUI N'A RIEN DE COMMUN AVEC CELLE QUE PRÊCHE MON ONCLE DANS SON OUVRAGE, ET QUE PAR CETTE SEULE RAISON, J'ENGAGERAI LE LECTEUR A SUIVRE DE PRÉFÉRENCE A LA SIENNE.

Grâce à Dieu, nous ne sommes plus au temps où il était du bon ton d'avoir des dettes, et où des créanciers dans une antichambre étaient plus honorables que des laquais.

Le travers de quelques jeunes seigneurs de l'ancienne cour avait insensiblement gagné toutes les classes, mais il était réservé à mon très-remarquable oncle d'en faire un principe de droit civil, politique et commercial, en un mot d'en faire un livre pour prouver tout exprès que des dettes non-payées sont une preuve incontestable de la prospérité de celui qui les a contractées.

Je lui en demande pardon; mais tout en donnant mes soins à la rédaction de son *art de payer ses dettes et de satisfaire ses créanciers sans débourser un sou*, je n'ai jamais apprécié sa morale et encore moins senti le sel de ses plaisanteries sur les moyens qu'il conseille d'employer pour ne pas payer ses dettes, quand malheureusement on a été forcé d'en faire, et lorsqu'on trouve la possibilité de n'en plus avoir en les payant, bien entendu avec de l'argent. Il me semble que des dettes, de quelque nature qu'elles puissent être, sont des engagemens tout aussi sérieux que d'autres, et qu'il n'y a pas plus d'esprit que d'honneur à y manquer.

Je sais, et tout le monde sait comme moi que, par une de ces inconséquences dont il me serait facile de trouver dans nos mœurs une foule d'exemples, la loi condamne, sur ce point, ce que la société permet. Je sais encore que, pendant que les tribunaux frappent le matin les débiteurs, les théâtres se moquent le soir des créanciers, et qu'on est convenu, dans le monde et sur la scène, de rire des tours qu'on leur joue tous les jours. Mais ceux-ci se fatiguent de leurs courses inutiles, s'ennuient des remises éternelles qu'on leur propose, et finissent enfin, à force de persévérance, par obtenir un *arrêté de compte* que le débiteur, pour obtenir un crédit nouveau, solde au moins en partie souvent avec le secours des usuriers.

Ces honnêtes trafiquans, toujours au fait des besoins et des ressources de ceux qui ont recours à eux, connaissent mieux que personne la valeur d'une acceptation faite sur papier timbré. L'étourdi qui tombe entre leurs pattes a beau répéter avec mon oncle: *des billets tant qu'on veut, mais point de lettres de change!* Ce n'est qu'à ce prix qu'on obtient de l'argent, emprunté à des intérêts énormes. Les jours s'écoulent, l'échéance arrive, la lettre de change est protestée, le jugement rendu, signifié; M. Legrip et consors vous quittent, et le lendemain, à son retour *du bois*, en entrant au *café de Paris*, notre élégant, sans respect ni pour la mode ni pour son appétit, est invité, par sentence du tribunal de commerce séant à la Bourse, à se rendre RUE DE LA CLEF pour y séjourner entre quatre murailles, jusqu'à ce qu'un père complaisant, une mère tendre, une maîtresse compatissante, un ami généreux, ou enfin un oncle d'une autre trempe que celle dont était le mien, le rende à ses douces habitudes, et lui donne, en payant ses dettes, le moyen d'en contracter de nouvelles.

Cependant il est une idée consolante, c'est qu'il devient chaque jour plus difficile de se faire à Paris, comme autrefois, un revenu de ses dettes; les marchands sont moins crédules, les ouvriers moins patiens, les usuriers moins nombreux, les parens, les maîtresses, les amis, moins généreux et les tribunaux plus sévères qu'à l'époque où vivait mon original d'oncle..... à qui Dieu fasse paix et miséricorde!

FIN

NOTES:

[1] M. de Chateaubriant.

[2] M. de Pradt.

[3] Le général Foy.

[4] L'oncle de l'auteur.

[5] Aphorisme de l'oncle de l'auteur.

[6] Ces 50.000 fr. sont ici pris comme terme moyen.

[7] M. le Baron de l'Empésé a scrupuleusement rempli les dernières volontés de son Oncle.

[8] *Fin de non-recevoir* dans cette acception signifie qu'un *débiteur* n'est pas recevable à intenter une action à son *créancier*.

La prescription est un moyen d'acquérir la propriété d'une chose par la possession, non interrompue pendant le temps accordé par la loi. (*Dict. de l'Acad.*)

Par exemple, votre propriétaire néglige de réclamer de vous pendant trois termes la somme que vous pouvez lui devoir, ou plutôt vous oubliez de remplir vis-à-vis de lui, et à chaque fin de terme, cette formalité usitée. Le quatrième terme commencé, il n'a rien à vous réclamer aux termes de la loi, parce que vous le remboursez avec *la prescription*, c'est-à-dire, sans qu'il vous en coûte un sou.

Dans les hôtels garnis il y a *prescription* au bout de six mois; c'est-à-dire, que le septième commencé vous avez de droit votre quittance, et souvent votre congé en même temps; ce qui fait un double avantage.

[9] C'est-à-dire, hypothécaires. [Voir [i]]

[10] *Voyez* ma Leçon, qui traite exclusivement de *la contrainte par corps*.

[11] Le prévôt était autrefois un juge royal qui connaissait des causes entre les habitants privilégiés, et ceux qui ne l'étaient pas, et jugeait s'il fallait qu'elles fussent appelées au parlement, ou non.

Les *voyers* étaient des officiers préposés à la police des chemises à la campagne et à la ville; cette charge existe toujours sous la même qualification; mais ils ont chacun des attributions spéciales.

[12] EXOD. 22, VERS. 25.

[13] Voyez l'*Histoire de l'Empire ottoman*.

[14] *Hist. civil et commerc. des Indes*; par le traducteur *des Voyages d'Arthur-Youngh*.

[15] M. Bazre.